PALABRA DE BIELSA

PABLO VIGNONE

Palabra de Bielsa / Pablo Vignone 1ª edición
LIBROFUTBOL.com, 2022.

248 páginas; 15,2 x 22,9 cm.

ISBN 978-987-8943-00-8

1. Fútbol.
CDD 796.334092

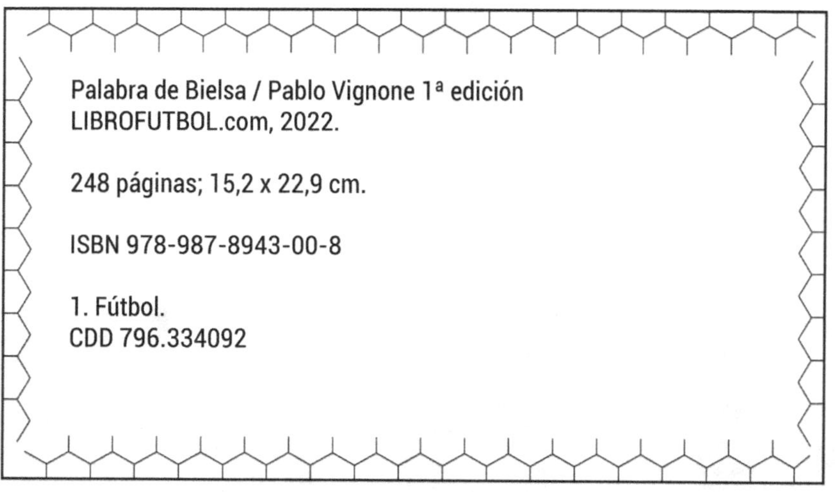

Palabra de Bielsa
de Pablo Vignone

Cubierta: Luciano Medvetkin	Foto del autor: © Pablo Vignone
© 2022– Pablo Vignone © 2022– LIBROFUTBOL.com	Todos los derechos reservados

No se permite la reproducción parcial o total, el almacenamiento, el alquiler, la transmisión o la transformación de este libro, en cualquier forma o por cualquier medio, sea electrónico o mecánico, mediante fotocopias, digitalización u otros métodos, sin el permiso previo y escrito por el editor. Su infracción está penada por la ley.

ISBN 978-987-8943-00-8	1ª edición: julio 2022

ediciones@librofutbol.com

+54 9 11 2215 1982

librofutbol

Olga Cossettini 1112 - oficina 8F - Ciudad de Buenos Aires - Argentina

ÍNDICE

ENTRENADOR DE CULTO

El inolvidable Diego Bonadeo solía llamar a la redacción cada vez que Marcelo Bielsa daba una de sus conferencias en Bilbao dirigiendo al Athletic o en Marsella conduciendo al Olympique. "¿Viste qué maravilla?", preguntaba, enamorado de los postulados éticos que el entrenador rosarino enarbolaba, casi sin proponérselo, en cada una de sus interacciones con la prensa, que nunca se limitaban al juego. "A Bielsa lo quiero para la vida, no para el fútbol", solía repetir Diego, que desdeñaba el estilo futbolístico que caracteriza al personaje, al que tanto había criticado en sus columnas durante el paso del técnico por la selección argentina, pero que amaba el modelo de actor social que, a su juicio, encarnaba. Diferenciaba muy bien: "¡No lo quiero en el banco, lo quiero en mi mesita de luz!".

En otra redacción de primer nivel que integré solíamos bromear que el diario cubría a fondo solo el cotidiano de tres clubes: Boca, River y el Leeds United. No pasaban más que un par de días sin que se nos propusiera algún material que tuviera que ver con la actividad del rosarino en el club inglés. Tal era el grado de atracción que Bielsa ejercía sobre gente intelectualmente muy preparada, a la que ha seducido tanto con su discurso como con las convicciones que lo estructuran. No faltó inclusive el *freelance* que ofreció irse a vivir a Wetherby, donde mora el entrenador, a pocos minutos de Leeds, solamente para cubrir las alternativas que generara el entrenador argentino; la propuesta no cuajó porque el interesado pretendía abastecer de información, desde su futura base, a los dos diarios más grandes del país, naturalmente competidores, para poder costearse la aventura. Bielsa —que no hubiera estado de acuerdo con semejante falta ética— podía generar eso y mucho más.

Miguel Simón asegura que: "Es el único entrenador con hinchas", y aunque el punto es debatible, pone de manifiesto la adhesión que despierta el DT, propulsada mucho más allá de lo que producen sus equipos.

Sin excesivos logros que destacar en su vitrina, se ha transformado en un entrenador de culto. No por lo que hace, sino por lo que es. Son sus valores, no sus éxitos, los que entusiasman y encienden a sus seguidores. Otros entrenadores habían logrado una eufórica aceptación de sus principios futbolísticos; Bielsa ha llegado más lejos.

No es sencillo comprenderlo: sus oraciones suelen tener más palabras que las necesarias y más giros que los imprescindibles. Es como si fuera complicado hacer fluir de manera ordenada, para la comprensión de receptores no tan preparados, la fabulosa cantidad de información almacenada en su cerebro. Es innegable que existe un paralelismo entre el enrevesado de esas frases y los conceptos que destila para aplicar en un campo de juego. Es de una complejidad que resulta muy atractiva en muchos porque allí se intuye que hay mucho más de lo que se dice.

En ese sentido, el fútbol puede ser o no accesorio. Sus ideas son muy particulares al respecto. El fútbol para Bielsa es catalogable y desmenuzable, y en el manejo total de todas las piezas y todas las variables está la clave. Asume un trabajo enciclopédico, de clasificación, desde donde categoriza y cubre todas las alternativas. En ese marco, los jugadores parecen piezas, con un adiestramiento benefactor loable, pero dispuesto en función de lograr un equipo invencible. Cueste lo que cueste.Pero esa característica tan esencial al estilo ya no está en discusión. En el exitismo exacerbado de la era de las redes sociales, se creó un mar de tranquilidad en torno suyo. A Bielsa se lo deifica por sus principios, no por sus resultados. Por la búsqueda —y por los métodos de la procura—, antes que por el logro. Si alguien es más puro y denuncia que Bielsa comete trampa, como le ocurrió en Inglaterra, su defensa se asume considerando la falta como una prueba más de su humanidad. Así, en definitiva, lo que no logran sus equipos, lo consigue él mismo: ser imbatible.

#

Mientras César Luis Menotti y Carlos Bilardo conducían sucesivamente a la selección, Bielsa tomaba ávidamente desde un kiosco de diarios a la vez que el equipo nacional se capitalizaba con éxitos inéditos. Pero todo ese crédito acumulado se esfumó en la mitad de ese tiempo, cuando el rosarino aterrizó en Ezeiza. Quizás no lo notó enseguida, pero en esos escritorios solo se acumulan facturas.

No concurrían el tiempo ni la paciencia. Bielsa sufrió entonces el castigo que supone ejercer un cargo que todo amante del fútbol pretende ejercer, sin margen para la preparación progresiva. Estaba impedido de conformar a todos, así que jugó todas sus fichas a transformar su discurso en hechos sin pisarse ni una vez el césped de sus convicciones.

Así, la polémica por la cual Gabriel Batistuta y Hernán Crespo, los dos mejores centrodelanteros del fútbol argentino de entonces, no podían jugar juntos, habría sido una anécdota en otra circunstancia. En función de los resultados, acabó considerándose como un capricho del entrenador. Nunca lo fue: tenía motivos y argumentos para explicar su decisión. Pero solo un éxito habría podido salvar esos abismos abiertos entre los principios del entrenador y lo que el público percibía del equipo que armaba, cuya suerte era de una trascendencia superior.

Tanta trascendencia que, aún condecorado en el fracaso con la renovación de su contrato, Bielsa acaso entendió que cualquier otra cosa que no fuera un título en Alemania 2006 habría generado consecuencias tremendas en su vida y en su carrera. Que arriesgaba mucho en procura de algo extremadamente complicado de lograr. La amargura de la Copa América 2004 no debe haber sido comparable ni mucho menos a la del Mundial 2002, pero fue la que terminó de convencerlo de que ese camino era peligroso. Trajo de Atenas la medalla olímpica, un logro nunca alcanzado por el fútbol argentino, y se supo aliviado.

No volvió a dirigir en la Argentina. Ahora en Inglaterra parece haber encontrado un edén, pero no debe ser una casualidad que, al cabo de entrenar durante tres décadas, Leeds United sea el equipo de clubes al que más partidos condujo: en más de tres años de campaña, dirigió 170 partidos, contra los 113 en que estuvo al frente del Athletic de Bilbao o los 97 en que fue técnico de Newell's, su gran amor.

Las razones de esa continuidad hay que trazarlas en su superior grado de madurez como entrenador, una madurez repleta de conocimientos progresivos relacionados con la manera en la que el fútbol fue desarrollándose en el nuevo milenio, que encontró un nido sumamente acogedor en un ambiente repleto de amor por las tradiciones del juego, como lo es Inglaterra. Difícilmente habría podido dirigir, a los 66 años, más de 100 partidos consecutivos en un cub de España o Francia.

Bilardo dirigió hasta los 66 años, Menotti hasta los 69. Pero no con este nivel de intensidad en esos tramos finales.

Esa dimensión de culto que emana de Bielsa existe porque, pese a todo, ha logrado trascender a la impostura del éxito y el fracaso. La idolatría que promueve a veces está vinculada con los detalles —la heladerita en la que aprendió a sentarse para ver los partidos o la decisión de poner a sus futbolistas en la piel de los hinchas, enviándolos, por ejemplo, a recoger la basura del centro de entrenamiento— pero los lazos más fuertes se establecen a través de la ética.

Bielsa ha recibido innumerables cuestionamientos, que en general no lo mellan porque revisan aspectos de su tarea relacionados con el resultado final. Admitió ser protagonista del fracaso más grande de la historia del seleccionado argentino, de manera que cualquier otro cargo que se le impute siempre será de menor cuantía.

Se le reprocha no tener la suficiente calidad como para ser entrenador de grandes equipos. La defensa a ese cargo la ejerció nada menos que Pep Guardiola. Bielsa cabalga todo el camino entre su vocación de formador y su misión de entrenador, y es probable que a la larga no se mida a ambas con la misma vara.

La teoría de que sus equipos se ahogan ha circulado bastante, y los argumentos no son desdeñables:

- Bajo su conducción, el América de México era líder al cabo de la primera rueda del torneo 1995/96 con el 58 por ciento de los puntos; lo despidieron antes de completar la segunda rueda porque el equipo había caído en rendimiento hasta el 31 por ciento.

- Con el Bilbao cayó del quinto puesto a mitad de LaLiga Santander 2011/2012 al décimo cuando concluyó la temporada, y el equipo perdió dos finales seguidas (la Europa League y la Copa del Rey) por un global de 0-6.

- El Olympique Marsella ganó la primera ronda de la Ligue 1 2014/2015, pero en la segunda fase, cuatro derrotas consecutivas acabaron en una caída hasta la cuarta posición final.

- En su primera campaña en Leeds, el equipo necesitaba tres puntos para ascender cuando solo faltaban cuatro partidos para terminar el *championship*. Pero solo consiguieron un punto sobre doce posibles y acabaron perdiendo el ascenso.

- Finalmente, en la Premier 2021/22, tras perder el Leeds la mitad de sus partidos, siendo el equipo más goleado del torneo, lesionadas algunas de sus estrellas, Bielsa fue removido de su cargo el 27 de febrero pasado.

- Eso sin contar el contraste entre la fabulosa campaña de la selección argentina en las eliminatorias para el Mundial 2002 (13 victorias en 18 partidos, 2,33 goles por encuentro, el 80 por ciento de los puntos posibles) y su sorpresiva eliminación, sin atenuantes, en la fase de grupos en Japón.

Este meduloso repaso sobre sus opiniones, convicciones y obsesiones intenta sintetizar, todo lo que ello pudiera ser posible, al Bielsa de culto. Apoyados en la decisión de no conceder más entrevistas individuales desde 1998 y, por lo tanto, al dominio público de sus testimonios desde entonces, se revisaron las colecciones de medios como *Clarín*, *La Nación*, *Olé*, *Crónica*, *Página/12*, *Infobae*, *El Mundo* y *El País* de Madrid, más otras publicaciones de México, Chile, España y Francia. Es profusa la cantidad de material divulgada en Youtube, con entrevistas en TV y conferencias, una divulgación que gana en rigurosidad a medida que crecen las posibilidades tecnológicas.

Desde ya que no es un manual de entrenamiento. Pero quienes posean tales inquietudes encontrarán aquí una síntesis de su método, conceptual y también ensayado como programa, gracias a las conferencias en las que Bielsa detalló con generosidad sus propuestas y la filosofía que las sostiene.

No es invento, aclara el rosarino, sino copia fiel de quienes lo plantearon antes y lo resolvieron mejor. Sin dudas, podría significar una valiosa guía para quienes se inician en el camino de la dirección técnica o quieren aprender un poco más sobre fútbol y acuden a quien ya dio fabulosas muestras de espíritu didáctico.

Se incluyen tres charlas magistrales que dio en Holanda, Chile y Brasil, relacionadas con la instrucción de sus equipos y la formación de futuros futbolistas, de un excepcional interés.

Tales declaraciones, opiniones, subrayados o señalamientos, agrupados de manera temática, revelan sus inquietudes, pasiones, convicciones y debilidades. Leídas con criterio, decodifican sus principios. La sustancia Bielsa. Lo que lo haría tan necesario para la vida, acaso imprescindible, algo de lo que tantos seguidores están absolutamente convencidos.

Pablo Vignone

Buenos Aires, marzo de 2022

CAPÍTULO 1

CLASE 1955, DNI 12 MILLONES...

> *"Venía al entrenamiento con un Citroën descapotable, blanco, con las rayas rojas al costado. Decía que era la oveja negra de la familia porque tenía pelo largo, era profe de educación física y la familia era muy culta, con el hermano abogado".*
>
> **Néstor Sensini, marzo de 2019.**

(Si es cierto que Bielsa sirve para la vida más que para el juego, vale la pena descubrir al hombre que sostiene al entrenador y cómo fue que fijó tamaña altitud de valores. Se descubre un ser que fluctúa entre la esclavitud de las pasiones —con lo que en ocasiones se reclama moderación— y el deleite por el ejercicio del personaje, que funge como faro sin pretensión de guiar un rebaño. Autodefinido como "un obsesivo saludable", ha venido peleando por ponerse límites; parece haber alcanzado ahora ese especial equilibrio).

La niñez, la calle y la pelota, eso es lo que recordamos todos. Somos chicos, estábamos en la calle y jugábamos a la pelota. Desde que recuerdo. No me recuerdo antes de estar jugando a la pelota en la calle. (...).

La mía es una familia de profesionales y, sin embargo, jamás se opusieron a mis vocaciones. Quise ser jugador de fútbol y lo fui. Fracasado, pero llegué a jugar en la Primera de Newell's. Después inicié la carrera de preparador físico y la terminé, soy profesor. Finalmente, trabajo como director técnico de fútbol sin que nadie me mire con mala cara. Y digo esto más allá de que mi padre jamás haya pisado una cancha para verme jugar o dirigir; no es que no le gusta el camino que yo elegí, sino que no le interesa la actividad que a mí me apasiona. (...).

La influencia de mi madre fue fundamental en mi vida. Para ella, ningún esfuerzo era suficiente. (...).

Cuando yo era chico, jugábamos todo el día al fútbol. La sociedad actual les da a los niños caminos alternativos, además de la falta de espacio físico para jugar.

Buenos Aires, marzo de 1998.

Empecé a jugar a los 12 años y lo hice hasta los 21. Estudié educación física durante tres años y luego comencé a trabajar en divisiones inferiores, actividad que desarrollé durante 10 años. Allí me

entrenó (Jorge) Griffa. Yo tendría unos 16 años. (...).

Yo soy docente, profesor de educación física. Fui un futbolista frustrado y fracasado. Tras jugar cuatro o cinco partidos en la primera de Newell's me di cuenta de que no podía ser futbolista de nivel. Me propuse entonces ser un entrenador de nivel. Y para lograrlo comprendí que el primer paso era convertirme en un especialista de la educación física, porque esa es la especialidad que se ocupa del movimiento del cuerpo humano. Sabía que en ese aspecto radicaba todo el secreto del fútbol. No tengo ninguna aspiración docente, porque no me interesa nada de la educación física que no sea estar mejor preparado para formar futbolistas. Estudié cinco años de fisiología para entender la conducta del cuerpo, desde la óptica de la medicina".

Rosario, 1992.

Fui un jugador frustrado y soy un enamorado de este deporte, todo lo que pasa cuando veo cómo repercute el fútbol en la sociedad de un país a mí me conmueve.

Río de Janeiro, mayo de 2017.

Más allá del fútbol, me gustan el deporte, la vida familiar, estar en lugares solitarios. Y comer bien.

Liniers, enero de 1998.

¿Qué cosas me producen felicidad? El bienestar de mi familia y de los seres que uno quiere que estén bien. Mi trabajo también, por supuesto.

Liniers, mayo de 1998.

Lo único que observo cuando mis hijas fracasan en un examen es si estudiaron lo suficiente. Si no tuvieron estatura psíquica para expresar lo que sabían, si estaban nerviosas, o lo que sea. No les digo: "Mirá, todo lo que hiciste no sirve para nada porque no dispusiste de tu saber". Lo importante no es disponer, sino desarrollar para que fructifique. (...).

Mi hija va a la cancha todos los domingos. Imagínense lo que siento yo cuando pienso que va a ir al estadio que lleva mi nombre.

Rosario, agosto de 2009.

Lo que yo les diría a mis hijas es que traten de usar el porcentaje más alto de sus virtudes, porque si dejamos un porcentaje sin usar por comodidad, porque requiere esfuerzo o porque hay

*cosas que sabemos hacer, pero que no nos gusta
hacerlas, lo que estamos haciendo es deshonrar
lo que la vida nos dio gratis".*

Leeds, octubre de 2020.

*Hace quince años que todas las mañanas voy a
leer los diarios a El Internacional, un café que
queda en 3 de febrero y Ayacucho, pleno centro
de Rosario. Es un caso extraordinario. No tengo
amigos, y los mozos, siempre los mismos, apenas
si me saludan. Desde que me empecé a hacer
más conocido, nunca falta el que viene a felicitar,
o a preguntar cualquier cosa que no tiene nada
que ver con lo que estoy leyendo. Yo, que no soy
nadie, me fastidio. ¿Qué le pasará a Maradona,
que no puede salir a la calle? Asumí ser un hombre
público, pero me cuesta demasiado procesar sus
consecuencias.*

Rosario, abril de 1991.

*Soy muy exagerado. Para mí el fútbol lo es todo.
Pienso en fútbol, hablo en fútbol, leo fútbol y
esa es una vida que no se puede vivir eterna-
mente. Por eso me gustaría moderarla.*

Rosario, 1992.

Haber vivido en México me ha moderado. Me dio más equilibrio.

Buenos Aires, agosto de 1997.

En Chile aprendí el valor de la moderación. Soy argentino y los argentinos somos exaltados, nos guían el impulso y la emoción.

noviembre 2010.

Para mí, el 'usted' indica respeto. Acá se ha perdido el valor del 'usted', pero no está mal porque el tuteo indica cariño. Yo me quedé con el usted porque lo identifico con el respeto, pero es nada más que una costumbre.

Buenos Aires, enero de 1998.

Generalmente, trabajamos más para enojar a quienes nos atacan, que para alegrar a quienes nos apoyan. En Chile me pasó esto último.

Santiago, noviembre 2010.

El fútbol me enseñó a ser precavido y no hablar antes de tiempo.

Barcelona, septiembre de 1998.

¿Loco? El apodo viene de cuando empecé a entrenar en los equipos juveniles de Newell's. Habitualmente cada entrenador tenía 3 equipos de tres categorías. Pedí entrenar solo a uno para dedicarme por completo. Fui el primero en llegar al trabajo y siempre el último en irme, porque yo ya estaba muy obsesionado en ese momento, estudié todo, cada pequeño detalle. Entonces mis compañeros me empezaron a llamar el Loco, pero de una manera muy cariñosa.

(Perugia, mayo de 2017).

En el fútbol hay muchas más preguntas que capacidad para responderlas. Hay mucho espacio dedicado a una disciplina que tiene muy poca capacidad de interrogación. Uno de los efectos son los lugares comunes. Se crean valores eternos. Como hace veinte años alguien dijo que Carlos Griguol era defensivo, pasa a serlo toda la vida. Yo también soy loco para toda la vida. No importa cómo surgió, en qué circunstancia, en qué contexto, si tiene alguna base real.

Buenos Aires, mayo de 1998.

La pasión es la expresión acentuada de un sentimiento en particular, cualquiera sea. Es el mejor momento de un sentimiento. Lo que me vincula al fútbol es la pasión. Me moviliza la pasión, y me condenan o me absuelven los resultados.

México, agosto de 1996.

Me dicen Loco porque algunas respuestas que elijo para resolver determinadas situaciones no coinciden con las que se eligen habitualmente.

Lille, agosto de 2014.

Uno de mis dramas es que nunca veo un partido para divertirme, me cuesta sacarme al entrenador de la cabeza.

Rosario, abril de 1991.

Como espectador, el fútbol ya no me gusta más. Me aburre ver un partido en esa condición. Si voy como espectador, prefiero ir con un amigo y converso los 90 minutos. Solo, no lo soporto. Pero no hay cosa que me apasione más que ver el fútbol como analista. Si me dicen: "Mirá Gimnasia y Esgrima de Jujuy contra Deportivo Español", es el peor partido de la liga argentina, "Pero fijate qué tal juega Parodi", eso me apasiona.

México, agosto de 1996.

A mí me gusta ver fútbol porque vivo del fútbol. La realidad es que hay días que puedo ver tres partidos. Pero a veces no puedo ver ninguno. No soy un autómata ni un adicto indiscriminado al

video. Tengo mucha capacidad selectiva. ¿100 partidos al mes? La cifra es contundente. Y por consecuencia, engañosa.

Buenos Aires, junio de 1997.

En 30 años habré visto más de cincuenta mil partidos.

Perugia, mayo de 2017.

La gente nunca me tuvo afecto. Y eso tiene que ver con el carisma. Yo no soy un tipo carismático.

Buenos Aires, mayo de 2003.

No me describo como un inocente. Soy una ex-presión del pueblo, soy igual de malo que los que estoy describiendo. Yo también muestro la hilacha cada vez que puedo.

Buenos Aires, mayo de 2003.

Soy un individuo inseguro y desconfiado. La seguridad la obtengo a través del conocimiento. Nunca soy seguro o confiado espontáneamente.

No soy de los que da la clase improvisando: soy de los que tiene que saber el libreto. Partí desde una posición tambaleante, aunque en lo interno. En lo exterior no, porque de lo contrario, no habría podido ser entrenador. Para afuera no se puede ser dubitativo.

Buenos Aires, mayo de 1998.

¿Usted sabe que yo me muero después de cada derrota? La semana siguiente es un infierno. No puedo jugar con mi hija, no puedo ir a comer con mis amigos. Es como si no mereciera esas alegrías cotidianas. Me siento inhabilitado para la felicidad por siete días.

Bilbao, abril de 2012.

(Para no ser devorado por el personaje) Hay que reafirmar las cosas de la vida privada. Aislarse es la cuestión. Refugiarse en la vida íntima. Familia, deporte, arte, hobbies. Lo que uno elija.

Buenos Aires, mayo de 1998.

(¿La literatura tiene un lugar importante en tu vida?) Menos del que merece. No leo tanto, la verdad, y sé que me gustaría leer más. Me gustaría tener ganas de leer más o tener el estado de ánimo que permite la lectura.

México, agosto de 1996.

(¿Recordado en el futuro?) No creo que yo vaya a ser mencionado en ningún libro. En todo caso, no querría que fuera por ganar un título. Me gustaría que fuera más por las normas de conducta que usé para desarrollar mi tarea.

Santiago, septiembre de 2008.

La película que más me gustó, y soy un devorador del cine, fue "El Padrino".

Perugia, mayo de 2017.

Fanfarronear con la propia fortaleza no es conveniente. No es correcto vanagloriarse de una solidez que uno no sabe si siempre va a tener.

Buenos Aires, mayo de 2003.

A mí me importa mucho mi imagen pública, me importa lo que los demás opinen de mi forma de comportarme. Si hay algo que he evitado toda mi vida es que se me califique de demagogo, de engañar a través del vocabulario, de victimizarme.

Buenos Aires, mayo de 2013.

Cuando me fui de la selección argentina, me encerré en un convento. Me llevé los libros que quería leer, no llevé teléfono, ni tuve televisión. Leo mucho y no creo que nadie lea tanto de fútbol como yo. Pero duré tres meses, porque empecé a hablar y responderme solo. Me estaba volviendo loco de verdad.

Santiago, julio de 2010.

La religión, especialmente la católica, me sirvió para dirigir. Tiene cuatro ejes antagónicos: culpa y castigo, amor y perdón. Estos dos son menos visibles: el castigo y la culpa están mucho más en la superficie que el perdón y el amor. Para dirigir me di cuenta de que perdonar al futbolista lo mejora. Y quererlo también. No tengo la más mínima duda al respecto. Si lo quiero y por quererlo lo perdono es mejor que si lo castigo y lo acuso. Querer y ser querido es una de las cosas que más felicidad produce a los seres humanos.

Rosario, 2011.

Mi mujer me dijo un día una cosa que no la voy a olvidar. "Me gustaría ser vasca". Le respondí: "Mirá que hablan mucho". "Sí", me respondió, "Pero nunca dicen lo que no corresponde". Eso también, como toda virtud, tiene un defecto. El que nunca dice lo que no corresponde muchas veces omite decir la verdad. Y ese es un subproducto no deseado de la discreción.

Ámsterdam, octubre de 2016.

La primera recomendación con la que llegué (a Francia), más que una recomendación fue una orden de mi esposa. Fue que sonriera y que mirara a los ojos, cosa que estoy cumpliendo a rajatabla. Creo que ese ya es un buen aporte a las relaciones humanas.

Lille, julio de 2017.

En Leeds han sido muy tolerantes conmigo, me han aguantado… ¡me han aguantado, esa es la realidad!

Leeds, marzo de 2021.

¿Qué es el fútbol, muchachos? Éramos todos muy amigos, nos gustaba jugar juntos, la pasábamos bien reunidos, intentábamos hacerlo lo mejor posible, atacar mucho y luego recuperarla con la ilusión de volver a atacar, y esperábamos la compañía de la suerte… ¡ese es el fútbol, muchachos!

Ámsterdam, octubre de 2016.

CAPÍTULO 2

¿QUÉ ES SER ENTRENADOR?

"Hay una historia de Marcelo como entrenador cuando apenas comenzó y perdió ante Unión (3-0). Volvió a Rosario y lo primero que me dice es: 'Esto no es para mí, yo me voy, no quiero saber más nada con ser entrenador de fútbol'. Le contesté: Vos no te vas, ahora te vas a encargar de dar las respuestas adecuadas y al poquito tiempo se confirmó eso y se transformó en alguien que pasó de perder un partido a ganar varios consecutivos y tener una eficacia muy alta. Me lo recuerda siempre: 'Jorge, yo no deje de ser entrenador de fútbol, porque usted no quiso que me fuera'. Le dije que se iba a quedar y sería un triunfador".

Jorge Griffa, abril de 2021.

"Bielsa nos decía: 'Yo entreno como siento. No puedo entrenar de una forma o desarrollar un sistema y una filosofía si no la siento' ".

Mauricio Pochettino, septiembre 2020.

(En Inglaterra lo han definido con ese humor británico tan característicamente despectivo: "dicen que es el mejor entrenador de los que suelen perder". Pero hay algo de real en eso, en el sentido en que el Bielsa que prepara equipos descansa en un principio perfeccionista antes que exitista. Su percepción del valor como entrenador es extraer −persuadiendo- el máximo provecho de cualquier jugador. No presume originalidad, a veces lo hace con criterio utilitarista, pero el respeto hacia el futbolista evoluciona según transcurren los años).

¿Cuál es la función del entrenador? Respetar la virtud del jugador pero propiciándole la situación, lo que le permita el ejercicio de la virtud.

Santiago de Chile, 2009.

Los entrenadores podemos cometer dos pecados: hacer caminar a jugadores que vuelan o volar a los que caminan. Si tengo que irme al infierno, prefiero que sea por el segundo.

Rosario, abril de 1991.

La función del entrenador es independiente de la del futbolista. El técnico es importante en sí mismo y los futbolistas lo son en sí mismos. El entrenador es clave porque marca el proyecto y reconoce quienes son los más habilitados para llevarlo a cabo. Y los futbolistas también, porque son quienes ejecutan e interpretan ese proyecto.

Rosario, mayo de 1992.

Me rebelo contra el azar. Obviamente esta es una frase ya que el azar es inmodificable, pero yo tengo que encontrar el modo de quitarle margen. Creo, precisamente, que quitarle espacio al azar es la función del entrenador.

Rosario, mayo de 1992.

En Argentina, lo que le pasa al equipo incide mucho en la vida del hincha. Si el cuadro gana, el hincha se euforiza en su vida personal. Si el equipo pierde, se deprime proporcionalmente, afectando todas sus actividades. Entonces, eso hace que perder o ganar sea muy importante y esa presión se acumula finalmente encima del entrenador. Cuando vivís presionado por esa vorágine resulta que vos, como técnico, terminás pagándolo con algún desequilibrio en tu vida personal.

Rosario, 1992.

Los entrenadores deben ser evaluados a través de su campaña, no por el último episodio que protagonizaron. Lo que pasa es que uno no puede decir, en el éxito, sean cautos ahora a cambio de no castigarme tanto en la derrota. Esa es mi idea.

México, agosto de 1996.

El conductor debe hacerse cargo de los momentos oscuros y aislarse de los brillantes. A diferencia de los jugadores, que son observados día a día, cada técnico debe ser analizado en todo un período.

Liniers, abril de 1998.

Si yo le diera rienda suelta a mis sentimientos, estaría emitiendo un mensaje que no es el aconsejable. Creo que el entrenador debe expresarse con lo que produce su equipo.

Liniers, abril de 1998.

La primera parte de mi carrera fue la más exitosa y la menos satisfactoria según el enfoque que tengo actualmente. Tenía conductas demasiado evidentes. Prefiero la discreción a la expresión exagerada. Me refiero a la versión pública, que es la que interesa (...) Que un entrenador haya sido futbolista es mejor a no haberlo sido. Que haya sido destacado es mejor a que no se haya destacado. Pero el hecho de no haber sido futbolista profesional no lo invalida a uno para la profesión. De los 25 años a los 35 fui construyéndome. Seguramente, si hubiera tenido un pasado más fértil, la construcción hubiese sido menos extensa (...). (Como entrenador) me preocupa conseguir que los vaivenes anímicos de los futbolistas tengan la menor incidencia en su capacidad de realización. Hay que lograr que un jugador no baje o suba cuatro puntos. Que esté cerca siempre de su máximo potencial. Que logre una regularidad. Es un arte muy difícil.

Buenos Aires, mayo de 1998.

¿Qué debe hacer un entrenador? Respetar las posibilidades creativas de los jugadores, ubicarlos en las posiciones donde se comporten de manera natural y tener una estructura flexible, pero que permita el orden.

Stuttgart, abril de 2002.

Tengo ideas que difícilmente abandono porque me hacen como entrenador. Me siento más cómodo si el equipo que dirijo logra atacar durante más tiempo del que defiende. Cuanto más rápido recuperemos la pelota, más posesión tendremos.

Santiago, agosto de 2007.

En los seleccionados hay que apuntar más a potenciar lo bueno que a corregir lo malo.

Santiago, agosto de 2007.

Uno siempre trata que las decisiones tengan consenso. Yo internamente nunca tuve un reglamento, nunca castigué. Yo antes tenía reglamento, tenía como 50 artículos, cada vez le ponía más artículos y más artículos. Los argentinos somos especialistas en alterar las normas que construimos para controlarnos. Entonces más artículos ponía, más adiestraba a los jugadores en alterar normas, los estimulaba constantemente. Hasta que me di cuenta que había que conducir teniendo más o menos claro qué estaba bien y qué estaba mal.

noviembre de 2010.

Como entrenador, uno tiene que entender que la idea no es acertar, sino no equivocarse, comprender que los jugadores van a acertar solos.

Bilbao, 2011.

Los entrenamientos deben ser privados. Un solo ejemplo: en todo entrenamiento siempre hay fricciones y cuando esas fricciones se difunden públicamente, las consecuencias se multiplican y eso trae problemas internos. Pero las fricciones en una cancha son lo más normal del mundo. El jugador está en deuda de oxígeno y eso altera la paciencia y la tolerancia. Y los entrenadores tenemos que exigirle al jugador en deuda de oxígeno. Siempre hay fricciones. Es más, uno la provoca. Las consecuencias de una pelea verbal entre el entrenador y el jugador son mínimas si no trascienden y máximas si trascienden. No es lo mismo un episodio observado por 10 personas que por un millón. Es muy difícil que yo tenga una diferencia con un jugador, pero sí sé que es necesario acicatear a un futbolista cuando más incómodo está. Entonces eso uno necesita hacerlo en privado para que las reacciones no tomen estado público y no se magnifiquen.

Bilbao, abril de 2012.

Nosotros (los entrenadores) hablamos a través del juego, que es la forma más natural y genuina de hacerlo.

Marsella, agosto de 2014.

Es muy difícil aceptar la injusticia, muchachos, pero escúchenme lo que les voy a decir, si ustedes juegan así como jugaron hoy de aquí al final del campeonato, van a tener el premio que merece. Ya sé que ahora nada los serena, porque se mataron por el partido, lo merecieron y no lo consiguieron, acepten la injusticia que todo se equilibra al final. Faltan nueve fechas. Si nosotros jugamos así esas nueve fechas, no les quepa duda de que van a tener la respuesta que merecen. Aunque les resulte imposible,

no reclamen nada. Traguen veneno. ¡Fortalézcanse, que jugando así las nueve fechas que faltan van a obtener lo que merecen!.

A los jugadores del Olympique Marsella tras un empate 0-0 ante el Lyon, 15 de marzo de 2015.

Aprendí en Francia que soy mucho mejor entrenador cuando menos hablo. Fui a un país del que no hablaba su idioma, de manera que empecé a comunicarme con los jugadores utilizando imágenes, fotografías que estimulaban o movilizaban un sentimiento.

Ámsterdam, octubre de 2016.

Los resultados pesan a la hora de emitir un juicio sobre un entrenador. No puedo no sentir la inestabilidad, eso sería un acto de omnipotencia e inconveniente. He recibido y recibido humillaciones constantes que exigen humildad. Ese desprecio hacia mis capacidades está ligado a la falta de resultados. Como es perfectamente lógico y comprensible, eso genera inestabilidad. No necesito que me lo digan claramente, ya que todos los indicadores hablan por sí mismos.

Lille, octubre de 2017.

El entrenador convence. Si pudiéramos decir en una palabra lo que hace el entrenador, es convencer. Es difícil. Vos llegás a un lugar y hay 30 miradas críticas que buscan el error. Pero cuando llegás a una Selección no son 30 miradas críticas, son 30 millones de miradas. ¿Cómo convencemos? La palabra y el ejemplo son los dos caminos que tenemos para convencer.

Río de Janeiro, mayo de 2017.

Los dolores o las alegrías del alma no tienen prácticamente que ver con las posesiones materiales. Los que estamos en el medio del fútbol sufrimos de ansiedad. Es la intolerancia a la espera de que los hechos se produzcan, uno quiere que ocurran y no está dispuesto a esperar; ese proceso le genera angustia porque de las diferentes formas que uno imagina que pueden suceder las cosas, elige la peor. Entonces, los ansiolíticos son casi como indispensables, y hay de todo tipo. La asistencia psicológica es un modo de forma de neutralizar la ansiedad, lo mismo que la actividad física, las sustancias químicas, la farmacología, los ejercicios respiratorios, pero la mejor de toda la más efectiva es la dedicación al dolor ajeno.

Estas cosas construyen la base emocional de un equipo triunfador. Al fútbol se gana según los mejores jugadores; cuando la disputa es pareja, según la preparación física; si la disputa sigue siendo pareja, se gana según la organización y el orden; cuando

esos tres partidos salieron empatados, se gana según las emociones multiplicando las herramientas.

Si la jerarquía no está bien manejada, produce daño. El elemento central para jerarquizar a la persona es la bondad. El perdón es mucho más efectivo que el castigo y la ilusión es mucho más redituable que la culpa.

Cuando uno revisa la dirección de un grupo humano, la uniformidad y la diferenciación son indispensables, siendo que son valores antagónicos. El respeto por la diversidad es inherente a las diferencias, y la necesidad de la identificación es inherente a la uniformidad. Escuchamos mucho la palabra "disciplina", presupone autoridad y verticalismo. El respeto implica horizontalidad y ausencia de jerarquías. La tentación del autoritarismo y la conveniencia del respeto. Respetar la norma solo si al hacerlo se cumple el objetivo que la norma busca cautelar. La norma en un grupo es indispensable si está al servicio de garantizar la mejora de la convivencia.

Perugia, mayo de 2017.

El entrenador no inventa el fútbol, lo copia. Ve lo que hacen los buenos y dice: A ver, de esto que hacen los buenos, ¿qué cosas se pueden enseñar y qué cosas son inherentes a la genética del futbolista? Yo simplemente veo qué diferencia hay entre lo que hace y lo que es capaz de hacer. No siempre el futbolista hace lo que es capaz de hacer, sino que hace aquello que está en la superficie de sus posibilidades,

Leeds, octubre de 2020.

Entrenadores exigentes hay muchos pero jugadores que den el 100 por ciento no hay demasiados. Yo soy un entrenador exigente, no hay duda, pero lo que desencadena los mejores momentos del equipo es la energía y la incondicionalidad de los jugadores respecto a lo que hacen en el campo. Y lo harían, estoy absolutamente seguro, con cualquier entrenador, no solamente conmigo.

Leeds, marzo de 2021.

Nunca me involucré en las elecciones de los capitanes de mis equipos. Me gusta que los jugadores lo elijan. El capitán es alguien que representa a sus compañeros, y por lo tanto ellos deben decidir esas cosas. Quien sea que reciba esa responsabilidad claramente tiene el apoyo de sus pares y esos es algo en lo que el entrenador no debe involucrarse.

Leeds, agosto de 2021.

Mi motivación siempre es buscar maneras de ganar. Entiendo la posición de aquellos que quieren ver una manera distinta de jugar, porque está en la naturaleza humana no tener tolerancia a la adversidad. Esa demanda para que dejemos de ser lo que somos se incrementa cuando dejamos de tener resultados. Hay otra forma más leal de verlo mediante la cual

se tolera la adversidad que surge en el proceso de construir un equipo a tu imagen. Cuando algo se rompe o sufre, hay dos opciones: se tira y se cambia por otro, o se cuida y se intenta volver a armarlo. En la vida es lo mismo.

Leeds, septiembre de 2021.

CAPÍTULO 3

ROJO Y NEGRO

> *"Cada logro de Bielsa no solo confirma y eleva aún más su talla como entrenador, sino que pone el nombre de Newell's en lo alto. Hablar de Bielsa es también hablar de Newell's. Por eso todos los hinchas del club estamos orgullosos por cada paso que da. Nos sentimos muy bien representados por él".*
>
> **Jorge Griffa, julio de 2020.**

(Nunca se sabrá si el amor incondicional que sentía por esos colores fue lo que lo llevó a reclamarle el infinito a sus jugadores —porque no podía fallarle a su club— o si esa tendencia anidó antes en su concepción del fútbol, y su primera gran experiencia la fortaleció. Lo concreto es que al Bielsa que forma lo formó Newell's, y el hilo de plata que los une se mantiene robusto 30 o 40 años cespués. Por eso vale la pena repasar aquellos días iniciales de éxito).

Tengo la antipática necesidad de ser sincero: difícilmente quiera a una camiseta más que a la de Newell´s.

Santiago, abril 2010.

Este partido no es la vida o la muerte... es la muerte.

Antes de un clásico con Rosario Central, 1990.

"Recién se lo dije a mi señora: si me tengo que cortar un dedo por ganar el clásico de mañana (contra Central), me lo corto, total me quedan cuatro".

A Fernando Gamboa, octubre de 1990; Newell's ganó 4 a 3.

Me debo al club que me permitió formarme, y a la referencia que es Jorge Griffa le debo la posibilidad de haber sido entrenador (...). Logramos el título porque se juntó un montón de gente que quiere a Newell's.

Rosario, 1991.

Mientras usted duerme, yo estoy haciendo cosas para que el equipo mejore.

A Norberto Scoponi, que le reprochó no concentrarse con el equipo, Rosario, 1991.

Íbamos últimos en el torneo pasado y los jugadores decidieron aceptar una concentración de 60 días con el único objetivo de no sufrir la humillación de salir últimos. Pasamos de tener 6 puntos a los 15, que nos dejaron en mitad de la tabla. Ahí no había interés económico ni nada, solo una gran vergüenza deportiva para evitar la humillación de ser último. Eso definió al grupo. Porque el título, más allá del logro, también define el perfil emocional de este grupo: tiene capacidad de superarse ante la adversidad.

Buenos Aires, junio de 1991.

En lo personal, no saben el peso que me saqué de encima. Porque yo partía en desventaja frente a mis jugadores. Mirá qué diferencia había con los muchachos de River. A ellos, (Daniel) Passarella les podía ejemplificar en grande: "Perdemos 1-0, pero hay que ir al frente, me acuerdo aquella vez, en el Mundialito, cuando le dimos vuelta al partido contra Alemania en cinco minutos". Yo me podía referir a algún partido contra Botafogo, un equipo de la Liga Rosarina. Daba un hándicap enorme de credibilidad. Ahora ya no. Soy uno de los pocos técnicos argentinos

que puede contar los episodios que llevaron al logro de un campeonato (...).

Me siento en la obligación de hacerlo (estudiar a los rivales). Ojo que no me engaño, sé positivamente que estos informes solo sirven en una milésima parte, pero si no los procesara, cualquier jugador de Newell's tendría derecho a demandarme que no cumplí con mis deberes profesionales y que por eso perdimos un partido que debimos haber empatado, o que igualamos uno que podríamos haber ganado (...).

En este país se tiene que acabar eso de que el que apuesta a ganar se embroma. Newell's es una buena prueba. Arriesgó, fue a provocar el error del adversario y no se embromó. Todo lo contrario, salió campeón (...).

Ya no somos sorpresa, aparecen las tentaciones. Uno luchó tanto para empezar a tenerlas y ahora resulta que no puede disfrutarlas, porque el nivel de autoexigencia que le implantamos al plantel de Newell's es enorme. Estamos volviendo lentamente a nuestro rendimiento habitual.

Es inútil, del éxito siempre se sale con alguna abolladura.

Rosario, abril de 1991.

En la Argentina no hay proyectos de tres a cinco años. Eso es, de alguna manera, lo que pretende hacer Newell's. Hay que entender que en el fútbol el único proyecto no debe ser soportar al entrenador.

Rosario, mayo de 1992.

Perdimos la final de la Copa Libertadores por penales contra el San Pablo de Telé Santana, de Cafú, Antonio Carlos, Ronaldo, Pintado, Raí, Müller. Eran buenos, eran mucho mejores que nosotros, realmente. El nuestro era un juego muy esforzado, muy al límite, estábamos flojos. Ellos jugaron con una soltura… Pero perdimos por penales y eso le da muchísimo más valor a aquel intento. Pero había jugadores inolvidables desde el punto de vista humano, jugadores como Scoponi, Franco, Berizzo, tipos muy queribles. Desde el punto de vista profesional, uno sabe lo que tiene que hacer y los jugadores también, todas las fantasías que se hacen en la relación entre técnicos y jugadores son para alimentar el morbo del espectador y para darle un poco de sensacionalismo. En el fútbol actual, la relación profesional es muy clara, pero hay tipos como esos con quienes la relación trasciende. Y uno termina queriéndolos mucho y recordándolos con afecto. Y con mucha gratitud, porque a mí me permitieron un protagonismo exagerado e inmerecido.

México, agosto de 1996.

¿Un sueño por cumplir? Volver a ganar un Newe-ll's-Central. Daría cualquier cosa por vivir eso.

Liniers, enero de 1998.

Aquel Newell's yo lo tomé en formación, prácticamente empezó conmigo, y trabajamos dos años juntos. Era similar en cuanto a la jerarquía de los jugadores.

Con el Vélez campeón, mayo de 1998.

Cuando salí campeón con Newell´s, me sentía pleno. Creía que nada más podía pedir. Pero esos momentos no duran para siempre. El éxito es imposible mantenerlo en el tiempo. Pasé más momentos de amargura.

Santiago, 2010.

Tengo un sentimiento de gratitud para este momento que uno no va a olvidar nunca. Pasé 20 años en este club y hay cosas en el plano afectivo y profesional que son irrepetibles. La dimensión del agradecimiento excede la posibilidad de la retribución. Siento que no estoy a la altura de lo que me ofrecen. Recuerdo a Newell's por sus logros, pero sobre todo por su prestigio. Y deseo que regresemos a eso.

Cuando Newell's rebautizó a su estadio con su nombre, diciembre de 2009.

Hace 25 años que estoy construyendo un programa para formar futbolistas. Mi intención es devolverle algún día a mi club, Newell's Old Boys, todo lo que me dio, trabajando cinco años, tomando un jugador a los 13 años e interviniendo, acompañando su desarrollo durante cinco años.

Ámsterdam, octubre de 2016.

Mi primer club siempre va a ganar cualquier comparación. Nunca voy a encontrar un club como Newell's. Es un milagro haber tenido la chance de ver llenos ambos estadios (el de Parque Independencia y Elland Road) y dirigir al equipo que convoca en cada caso.

Leeds, marzo de 2021.

"Tuve un montón de alumnos y Bielsa me daba la respuesta a lo que yo sentía y desarrollaba. También tenía que estar encima de él, porque tenía sus defectos, pero en la medida que fue capitalizando todos los conocimientos, es lo que terminó siendo, un exitoso entrenador de fútbol. Quizás algún día tendrá que volver a Newell's".

Griffa, abril de 2021.

CAPÍTULO 4

RADIOGRAFÍA DEL JUEGO

> *"Sus equipos hablan por él. Sus equipos son generosos, nobles, ofensivos, atrevidos y no hacen trampa. Cuando uno termina de hablar de sus equipos, entiende que Marcelo Bielsa es un entrenador y un ser humano grande".*
>
> **Jorge Valdano, junio de 2012.**

(Introducción a la filosofía Bielsa del juego. Ideales sobre el estilo, que el propio entrenador definirá con propiedad en la charla del próximo capítulo, que ensanchan el terreno de su ambición futbolística. Axiomas y deducciones sobre lo que los jugadores pueden desarrollar en el campo a partir de los conceptos que se sirvieron en la mesa de la preparación. El rol de la velocidad, la trampa de la mecanización y la inevitabilidad de la belleza como objetivo: desde lo más abstracto hasta discutir cómo debe salir jugando su equipo desde el arquero).

Yo soy muy feliz haciendo lo que estoy haciendo. Es un juego. La gran ilusión que tenemos es producir resultados a través de un comportamiento que estéticamente valga la pena. Para mí es nada más que eso. Nada más y todo eso, ¿no? Nada más en el sentido de que no hay por qué vivir esto de otra manera que no sea satisfactoria, placentera. Vamos a jugar al fútbol, Argentina posee jugadores destacados, sabemos que estamos más cerca del objetivo, que es ganar, si jugamos bien. De donde usted lo mire le puede agregar un montón de condicionamientos a esto. Son mensajes que tienen origen diferente al espíritu del deporte. Pero este es el mejor escenario para que esto no sea profesional. Esto es deportivo. Entonces, es el mejor escenario para quitarle los subproductos indeseados que tiene el profesionalismo y disfrutar el deporte.

Buenos Aires, mayo de 2002.

El fútbol es el primer deporte del mundo, es el deporte más atractivo para todos los continentes. Si yo tuviera que decir por qué sucede eso, es porque no siempre ganan los poderosos.

Santiago, 2010.

El futbolista, como todo ser humano enfrentado a la alta competencia, tiene lo que llamamos temor escénico. ¿Y cómo se neutraliza? Con la

mecanización, haciendo algo que está preestablecido, practicado muchas veces, con un mínimo margen de error. La responsabilidad del fracaso ya no es del jugador porque, claro, lo practicamos mil veces en la semana y no resultó. ¿De quién es la culpa? Del entrenador, de los ejecutantes y, en el fondo, de nadie. No salió sencillamente. Por eso yo odio la mecanización, porque elimina responsabilidades. Yo quiero equipos ordenados, y no mecanizados, donde se respeten algunas posiciones y donde, escuchen bien porque este es uno de los grandes secretos del fútbol, podamos desmarcarnos y luego volver rápidamente a marcar".

Rosario, 1992.

Cualquier persona que está en el fútbol sabe que hay una gran distancia entre proposición y concreción. Propuestas en el fútbol hay todos los días, pero se concreta una por año. No quiero ser exagerado, pero hay una relación de 365 a 1.

Rosario, mayo de 1992.

Se puede atacar prescindiendo del contrario, pero para defender hay que hacerlo en relación a cómo nos plantean los partidos.

Liniers, noviembre de 1997.

*Que no haya salteos entre la actitud de recupera-
ción y la de posesión es el signo de los grandes
equipos. Además de tener grandes jugadores,
un sistema que disminuya las consecuencias del
error y el compromiso colectivo. Conceptualmente
para mí todos los partidos son iguales: hay que
dominar y protagonizar todo lo que se pueda.
Cualquier otra cosa no entra dentro de mis con-
cepciones. No creo que haya que jugar diez metros más adelante o más atrás ni defender para
contraatacar. La única manera en que entiendo el
fútbol es la de la presión constante, jugar en el
campo rival y el dominio de la pelota.*

Buenos Aires, marzo de 1998.

*Soy partidario de un fútbol más urgente y menos
paciente. Porque soy ansioso. Y también porque
soy argentino.*

Ezeiza, 1999.

*Mi idea es que en la elaboración de la posesión
de la pelota cuando llegás a sectores donde hay
que ser vertical y no lo hacés, comprometés tus
opciones. Si llegás a una altura del campo, es
contraproducente volver a elaborar la acción: hay
que terminar cada ataque (…).*

*Elijo ocupar los costados porque allí surgen la
mayor cantidad de situaciones de peligro. Lo
contrario significa centralizar el juego. Cualquier*

estudio que se realice sobre cómo se convierten los goles en cualquier torneo, revela que el 50 % tiene su origen en el juego por los costados. Si uno quiere un equipo protagonista, debe poner mínimamente dos jugadores por cada sector. El objetivo de que la pelota vaya por las puntas es que haya desborde o centro intencionado. El primero permite que haya pase hacia atrás, lo cual es complicadísimo para el rival. Y el segundo es cuando no hay desborde, pero la pelota puede llegar al área hacia alguien que marca la jugada.

Santiago, febrero de 2007.

Tengo ideas que difícilmente abandono porque me hacen como entrenador. Me siento más cómodo si el equipo que dirijo logra atacar durante más tiempo del que defiende. Cuanto más rápido recuperemos la pelota, más posesión tendremos. Haré los esfuerzos para que esa idea sea bienvenida por los jugadores.

El fútbol actual es muy ágil, cambiante, sorpresivo y dinámico. Eso hace que las composiciones iniciales de un equipo se modifiquen infinidad de veces en el partido.

Soy muy respetuoso y un admirador de la gambeta. Es más: considero que dos gambetas juntas cambian el contenido de un partido, lo despeja, lo oxigena, lo hace más saludable.

Santiago, agosto de 2007.

Cuando tenés la pelota hay que desmarcarse para que la posesión de la pelota y el avance sean más fluidos. Las posiciones fijas, sin movimiento, hacen más perceptible la formación de las líneas para el rival. Pero ojo, que mientras más desmarques, más desorden generas en tu propio rearmado cuando tenés que cubrir el campo de manera tal que estén en las posiciones los jugadores que mejor se desempeñan en ellas. Y esa es la gran dificultad. Se resume simplemente: mientras más desmarcas, más te cuesta recomponer. Y si no desmarcas lo suficiente, no le das fluidez a la circulación de la pelota. ¿Sabes lo que pasa entonces? Que los jugadores se asustan. Cuando están muy apretados no se desmarca ninguno, porque todos quieren estar cerca de su posición defensiva. Al costar recomponer, comprometes tu propio arco; pero si no arriesgas, perdés muy rápido la pelota y se la entregas al rival, que entonces te ataca.

Bilbao, octubre de 2011.

Hay veces que la velocidad, que parece ser un aspecto físico, es un aspecto futbolístico. El juego transversal no ofrece una opción para verticalizar.

Bilbao, febrero de 2012.

El contragolpe es una posibilidad, y quizás sería un recurso, pero nosotros sabemos que nuestra forma de jugar tiene un riesgo y tratamos de que no se produzcan desajustes. A cambio de ese riesgo intentamos disponer de mayor tiempo de posesión y más cantidad de ataques .

Bilbao, junio de 2012.

Yo soy un convencido de que hay que saber jugar mal. Y para eso, lo primero que se debe hacer es aceptar ese hecho no deseado para llevar el partido a un terreno neutro e intentar mejorar desde allí".

"Me importa muchísimo ganar y para eso quiero que mis equipos jueguen bien, pero entiendo que se puede no ganar y que eso no necesariamente tiene que significar un fracaso. El fútbol no es una cuestión matemática".

"Hay que ser muy cuidadoso con eso de mandar al área rival. Si yo le pongo cinco delanteros, el rival se va a defender con seis. Y sin espacios, los que sacan ventajas son los que defienden, claro".

Nunca me planteo la posibilidad de salir a atacar aprovechando el contragolpe. Para mí el partido siempre hay que protagonizarlo. Si se puede protagonizarlo, para qué cederlo. Nunca preparo al equipo para la espera. Un gran equipo es el que no se condiciona por el rival.

Santiago, marzo 2007.

"

Lo fundamental es ocupar bien la cancha, tener un conjunto corto, que tenga a su defensa y su delantera separadas por no más de 25 metros, y que no tengamos gente en la defensa ocupada en la marca de alguien inexistente.

Santiago, marzo de 2007.

Los dos jugadores que tienen más tiempo el balón con posibilidades de elegir el pase que van a dar durante todo el partido siempre son los dos centrales. Los volantes no tienen tiempo de elegir, es más, son apremiados. Cuando elijo a los centrales digo, sí que defienden, que cabeceen, que sean feroces, que recuperen, pero necesito que tengan un buen manejo de la pelota para que la salida sea más clara. Si tengo que postergar algunos aspectos inherentes a la función específica, que es recuperación, a costa de ganar otros perfiles, que tienen que ver con un aspecto menos importante del juego, menos frecuente en la función, pero que aportan a la belleza de lo que construye el equipo, me inclino por ceder ferocidad defensiva y ganar mejor trato de la pelota.

Santiago, 2010.

Prefiero el protagonismo con la pelota antes que la especulación y estar en el campo rival antes que en el propio. Más tiempo en posesión de la pelota antes que intentando recuperarla; utilizar el reglamento para que el juego sea mejor y no para sacar ventaja. Y, en la medida de lo posible, anticipación de todas las líneas en el desarrollo del juego.

Bilbao, julio de 2011.

Nosotros tenemos una obligación respecto de la belleza del juego. Se nos presentan dos obligaciones al dirigir un equipo de fútbol. En realidad, se nos presenta una: hay que ganar. La forma de ganar dejó de ser importante. En mi fantasía debería haber un castigo que ignora la belleza del juego para obtener el triunfo. Esto se reflexiona cuando uno ha pasado mucho tiempo en relación con el fútbol.

Adoro al fútbol, porque quiero a la gente que quiere al fútbol, y la gente que quiere al fútbol que a mí más me interesa son los que encuentran en el fútbol una satisfacción que no tienen otra forma de conseguirla. Todos los demás tenemos un montón más de alternativas para recrearnos, pero los más pobres solo tienen al fútbol, o lo que reemplace al fútbol, en el mundo es el fútbol.

Me cuesta aceptar que lo único que le vamos a ofrecer es un resultado. Si no le ofrecemos el fútbol como elemento estético, lo estamos empeorando como seres humanos: la valorización de lo estético es una condición (distintiva) que tenemos los seres humanos vinculada con la sensibilidad que no se puede ignorar. No se puede

mercantilizar todo. Todo no puede ser según el mercado, el que gane es vivo y el que pierda es zonzo. La belleza también tiene algo que ver (...).

Lo más difícil del juego es aprender a tomar decisiones.

Ámsterdam, octubre de 2016.

El juego fue creado para dirimir la creación. Con el paso del tiempo, el triunfo fue más importante que la belleza del juego. Hasta hace poco la belleza del juego era el camino más corto para alcanzar el triunfo. Hoy hay otros caminos. Todos reglamentarios: reducir la cantidad de minutos que se juega, el tiempo que pasa la pelota en el aire, que sea más conveniente no tener la pelota que tenerla.

Leeds, noviembre de 2018.

En el fútbol es muy difícil acertar sobre aquello que todavía no ocurrió. Entre otras razones, porque uno de los atractivos que convierte al fútbol en el primer deporte del mundo es que es posible que gane aquel que no lo merezca.

Leeds, febrero de 2019.

Hay una gran y casi única diferencia en los estilos: qué hace un equipo cuando la pelota la tiene su arquero. Hay equipos que la ponen en juego y otros que la dividen.

Es legítimo que alguien crea que es mejor dividir la pelota, porque reduce el efecto de los errores o la posibilidad de equivocarse, pero también reduce enormemente la belleza del juego y la posibilidad de atacar.

Si yo entendiera que otra forma de jugar resolvería y mejoraría nuestro equipo, no dudaría en hacerlo. El estilo de un equipo es una conjunción entre lo conveniente y la posibilidad de concretar

Leeds, septiembre de 2021.

CAPÍTULO 5

CHARLAS MAGISTRALES (I)

Ámsterdam (Holanda), 3 de octubre de 2016

MÉTODOS DE ENSEÑANZA Y FORMACIÓN DE FUTBOLISTAS.

(En el campo del Ajax, Bielsa homenajea la cultura del fútbol holandés y pone de manifiesto la necesidad de compensar en el plano formativo lo que la modernidad le ha quitado al fútbol: el desarrollo natural de talento y su etapa superior, la polifuncionalidad).

El fútbol ha crecido en muchísimos aspectos. La competencia ha mejorado, la captación de talentos ha mejorado, pero lo que creo que es el punto más débil del desarrollo del juego es cómo se forma a un futbolista.

Todos los grandes futbolistas se han formado jugando. Entonces se cree que al fútbol se aprende a jugar jugando. Creo que esa es una visión desactualizada e incompleta. Porque hay respuestas que exige el fútbol que únicamente la pueden elaborar los grandes talentos. Pero también hay muchas respuestas que los jugadores promedio no incorporan a sus recursos porque nadie se las ha enseñado. Entonces, proponer el juego como único elemento de desarrollo de las aptitudes es una visión, desde mi punto de vista, incompleta.

Cuando se hace fútbol sectorizado, fútbol reducido, eso presenta dificultades (a los jugadores), pero ello no propone soluciones para resolverlas. Los grandes jugadores las encuentran por sí mismos, pero los jugadores medios creen que saben hasta un límite y son capaces de hacer más de lo que saben. Para eso hay que enseñarles soluciones que no pueden elaborar por sí mismos.

Conozco perfectamente los límites que pone la creación. Puedo enseñar a dar un pase a la perfección; lo que no puedo enseñar es en qué momento darlo, a quién darlo, leer los movimientos del receptor y que las coordinaciones funcionen.

La gambeta es una elección que tiene que ver con un sinfín de factores que solo aquel que la tiene incorporada como una facultad creativa sabe cuándo y cómo aplicarla. El cuerpo del rival, el sector del campo, la llegada del balón, hay un sinfín de matices.

No es que esté mecanizando el juego o creyendo que uno puede apoderarse del juego. Todo lo contrario. Admiro lo espontáneo y lo natural.

Creo que la mejor forma de desarrollar un futbolista es no interviniendo, que es lo contrario de lo que propongo, pero esa falta de intervención exige un escenario general que ya no es frecuente.

La genética, la pasión para jugar muchas horas y el amor por el juego hoy ya no son tan fáciles de encontrar. El fútbol compite con un sinfín de actividades que los chicos eligen como alternativas a la que antes era una actividad exclusiva: jugar muchas horas al fútbol, sin reglas, creando nuestras propias normas y desarrollando —porque la pasión lo permitía, porque nos gustaba el fútbol más que ninguna otra cosa— lo que Dios les dio a los buenos como condición natural. Ese escenario es muy difícil que hoy prospere, por lo cual quiénes piensan el fútbol deben articular una respuesta.

720 ENTRENAMIENTOS EN CINCO AÑOS

Hay un grupo de 100 jugadores a los que hay que darles actividad durante cinco años, llenar 720 entrenamientos:

Esos 720 entrenamientos en cinco años son:

- 180 trabajos técnico-tácticos con pelota.

- 180 de fútbol formal.

- 180 trabajos técnico-tácticos.

- 180 de organización prepartido.

- a siguiente es una planificación genérica de la semana:

- Lunes: descanso.

- Martes: preparación física/ejercicios aeróbicos.

- Miércoles: práctica técnico-táctica.

- Jueves: fútbol formal.

- Viernes: práctica técnico-táctica.

- Sábado: prepartido.

- Domingo: competencia.

Lo que la entrada en calor persigue es activar el cuerpo de un futbolista para una actividad más intensa. Hay muchísimas formas de lograrla. Pero si consideráramos la educación del movimiento, las cualidades físicas menos atendidas, las alternativas (coordinación, agilidad, equilibrio) y los ejercicios simples con balón, hay 720 segmentos de 20 minutos de educación que uno puede dedicar al desarrollo y a la creación. Estoy excluyendo la entrada en calor de los días de preparación física y del día de competencia.

Hay que tomar conciencia de que las instituciones ponen en manos de un proyecto formativo a entrenadores, preparadores físicos, entrenadores de arqueros, analistas de videos, evaluación de los rendimientos, metodología, formación de entrenadores, *managers*, directores, coordinadores, detección, captación y reclutamiento de talentos, médicos, fisioterapeutas, kinesiólogos, masajistas, nutricionistas, psicólogos, instalaciones, alojamiento, traslados, vestimenta… Entonces, uno dice: "Vamos a tener todo este patrimonio y debemos gestionarlo".

Hace 25 años que pienso este tema, en paralelo a mi trabajo como entrenador de futbolistas profesionales. Hace 25 años que estoy construyendo un programa para formar futbolistas.

No estoy seguro de si lo que propongo está bien, pero es una estructura que debe considerarse. Este programa son copias de las respuestas que elaboran a los problemas que presentan jugar al fútbol los que lo hacen muy bien. Porque nada de lo que yo diga aquí es creación mía: todo se lo he observado a otros. Lo he "copiado", entre comillas.

Tengo adoración por el juego en su estado original, por la esencia, cuando se expresa a partir del amateurismo. No quiero influirlo proponiendo cosas que la naturaleza del juego no contiene.

Simplemente he copiado lo que hacen quienes juegan bien, con la intención de contarles a los que no pueden inventarlo por sí mismos, pero tienen recursos para reproducirlo si se lo enseñamos. Contarles que lo que saben no es todo lo que pueden hacer, que pueden hacer más de lo que saben, que como no tienen la bendición divina de la genética que les permitiría inventar sin imitar, necesitamos proponerles la imitación.

El ídolo es tal porque lo queremos imitar, por eso es tan necesario, porque es una referencia: quiero hacerlo como lo hacía... o quiero hacerlo como lo hace... Eso no es magia: exige un procedimiento.

EL ESTILO DE JUEGO

Un amigo que vive en Bilbao, Pedro Irigoytía, me mandó esta frase: "Lo más dañino para un equipo es el mensaje de que acá siempre se hizo de este modo". Cuando uno quiere cambiar, la respuesta que normalmente encuentra es: "Somos quienes somos y acá siempre se hizo de este modo".

Soy un enamorado de las tradiciones, pero entiendo que, mal manejadas, inmovilizan. Los ejercicios son extracciones del juego que contienen soluciones para que los futbolistas aprendan e incorporen como solución.

Noten que no digo memoricen. Para mí, memorizar es lo más dañino que se le puede hacer a un jugador. Hay que enseñarles y dejar que el mensaje quede dando vueltas en su interior, que sea la jugada la que convoque a ese mensaje.

Memorizar tiene un límite. Uno busca la jugada para hacer lo que sabe hacer, en lugar de que la jugada reclame algún saber que quedó dando vueltas solo porque alguna vez me lo enseñaron.

Con esa disposición a la investigación, he mirado el fútbol con criterios que quiero comentar:

¿Qué es el estilo? Es el modo, manera o forma elegida para resolver las situaciones que se presentan al jugar al fútbol.

Los elementos que permiten definir el estilo de juego son:

- Predominio del protagonismo sobre la especulación.

- Actitud frente al reglamento.

- Decidir la elección de los intérpretes para cada posición, priorizando las características ofensivas sobre las defensivas, sin dejar de considerar las exigencias de la función.

- Elección del sistema táctico básico.

- Ubicación compensada de los delanteros por todo el frente de ataque.

- Considerar de la misma importancia la recuperación y la posesión.

- Desarrollo del juego a través de las tres líneas del equipo.

- Intento de recuperación del balón inmediatamente después de finalizada la tenencia y alrededor del sector dónde esta se produjo, valorar las consecuencias de no hacerlo así.

- Método de entrenamiento deportivo que ayude a jugar de acuerdo al modo deseado.

Cada proposición es la que elijo, pero considero que la antagónica tiene exactamente el mismo valor. Me gusta el protagonismo, pero la especulación es igual de útil; el reglamento está para permitir que el juego fluya, pero está perfecto si el que expone al límite reglamentario obtiene ventajas por ello.

Sueño con un equipo donde un extraño vea un entrenamiento y no sepa cuál es el delantero, cuál es el defensor y cuál es el volante. Es decir, que todos sepan manejar la técnica.

Para hablar de defensas hablo de laterales o centrales; de extremos o centros al hablar de ofensivos y cuando hablo de medios, hablo de defensivos, ofensivos y uno que defiende y ataca. Esa identificación, hablar de jugadores atribuyéndoles puestos originales, para mí es indispensable.

En ataque, los extremos y el centro tienen la misma importancia, no se puede sobrecargar ninguno, pero se puede pensar lo contrario y (eso también) habilita el éxito.

Siempre imagino el partido en posesión, pero sé que el rival puede obligarme a defender todo el tiempo aunque yo quiera atacar, por lo cual preparo las dos instancias del mismo modo, pero si alguien piensa más en la posesión que en la recuperación, también está bien.

Para mí no se deben saltear líneas, aunque entiendo que hay equipos de juego directo supereficaces.

CÓMO ENTRENAR A LOS FUTBOLISTAS

No hay ninguna acción que contenga el fútbol que no esté anotada aquí:

ENUMERACIÓN Y DESCRIPCIÓN DE LAS SITUACIONES QUE REPRESENTAN EL JUEGO REAL Y DE LAS ACCIONES QUE SE UTILIZAN PARA RESOLVERLAS.	
Aspectos ofensivos del juego: Acciones vinculadas con la posesión, creación y ataque	**Aspectos defensivos del juego:** Acciones vinculadas con la recuperación oposición y defensa
Pases, recepciones, asociaciones, dribles (49 ejercicios)	**Gestos técnicos para la recuperación de la pelota** (26 ejercicios)
Desmarcación (4 ejercicios)	**Coordinación defensiva posicional** (28 ejercicios)

Centros (2 ejercicios)	**Juego Aéreo defensivo** (4 ejercicios)
Definición, remates al arco (12 ejercicios)	**Trabajo para los arqueros** (4 ejercicios)
Pelotas detenidas a favor (2 ejercicios)	**Pelotas detenidas en contra** (2 ejercicios)
Acciones del juego que se producen en diferentes sectores del campo (19 ejercicios)	**Presión sobre el inicio del juego rival** (18 ejercicios)

Tengo 170 ejercicios con los que trabajo cada vez que entreno. Miro los problemas del equipo, miro las características del rival y armo la semana de trabajo pasando mi mente por todas las nociones de corrección que me facilita el tiempo del que dispongo.

Esto es producto de 25 años de observar partidos. ¿Cómo no va a resultar atractivo saber qué acciones constituyen el juego?

Vi cómo cada situación la resolvían los mejores. Traté de convertir las soluciones que daban los mejores a las dificultades de jugar y las convertí en ejercicios.

Por ejemplo: tengo 12 ejercicios de definición. Tomo un año la liga de Bélgica, todos los fines de semana veo todos los goles de esa liga y veo si hay algún gol que no está contemplado en la rutina que tengo organizada. Después de muchos años, puedo concluir: "Los goles se hacen así", y por eso tengo esa rutina.

Recuperar la pelota es absolutamente enseñable. Solo hay dos cosas que uno no puede enseñarle al defensor: la intuición para anticipar o interceptar y la claridad para evitar las persecuciones a costa de los cambios de marca. Esa inteligencia para decir: "No te persigo, te dejo desmarcarte, te marca un compañero y yo marco a otro porque si no, en un sector del campo, va a haber jugadores rivales libres", es decir, no se puede perseguir, pero tampoco puedo estar en un lugar en donde el rival no pone oponentes sin marcar a nadie.

Johan Cruyff lo decía de una manera asombrosa: ¿por qué voy a jugar con cuatro defensores si el rival pone dos delanteros? El que me sobra atrás me falta en otro sector del campo. ¡Con qué sabiduría resumía lo que yo trato de explicar!

Pero este desafío es mucho más grande. A un jugador que tomo a los 13 años y que voy a despedir a los 18 quiero enseñarle todas estas lecciones. Necesito ejercitaciones que reproduzcan las soluciones que propongo. Después tengo que producir un documento que diga: "En el primer año voy a hacer esto, en el segundo, en el tercero, en el cuarto, en el quinto", para no correr el riesgo de que cosas muy importantes no se hagan y otras cosas se hagan muchas veces.

En cada división hay entrenadores calificados y cada uno desarrolla su propio programa de entrenamiento. Eso supone un gran riesgo: hay entrenadores mejores y peores, cosas que se repiten y otras que no se llevan a cabo, por lo cual, un programa articulado, progresivo, ordenado, se vuelve indispensable. Desde mi óptica, es imposible no hacerlo.

Aunque el club tenga grandes entrenadores, no le alcanza, porque hay una progresión metodológica, pedagógica, que es inherente a la formación de cualquier persona en cualquier disciplina, incluido el fútbol.

MUCHOS RIVALES EN POCO ESPACIO

El espacio entre líneas es el que el que ataca tiene que aprovechar para hacer daño. Hay que encontrarlos.

La respuesta que le ha dado el fútbol actual al Barcelona, al Bayern München, al Real Madrid es comprimir las líneas, anulando los espacios entre líneas, un poco más atrás o un poco más adelante.

En una cancha de fútbol de cualquier pueblo, las áreas chicas están peladas, lo mismo que un rectángulo en el centro del campo. Los costados y los cuatro ángulos tienen césped ¿Por qué? Porque los jugadores vienen hacia la pelota y se cierran para recibir. Por eso los campitos y los potreros son así. El campo de juego es mucho más chico con independencia de lo que proponga el rival.

La ampliación se da por apertura, por profundidad y por ocupación proporcionada del terreno de juego. Ese es el primer paso.

LA GAMBETA ES LA VERDADERA ESTRELLA DEL FÚTBOL

Después de una gambeta, el escenario cambia completamente, la densidad, la superposición de jugadores... Un tipo se gambeteó a dos y toda la cancha se agranda. La gambeta resuelve a todo. Es la mejor solución. Eliminar oponentes es el elemento que genera el ataque. No se trata de ninguna otra cosa.

Otra solución son las desmarcaciones profundas entre las líneas rivales. Los pases tienen que entrar entre dos rivales, superar las líneas que unen a dos rivales.

Después está el juego asociado, en todas sus características, entre dos o más jugadores, y acá se presenta otro problema, añadido. La cancha ya la acortó el rival, pero como no es suficiente con eso, también la angosta.

Cuando el pase sale de las bandas, el rival genera superioridad numérica defensiva en base a un desplazamiento transversal. Más se reduce el espacio, más densidad de jugadores y las dificultades siempre son para el que crea.

¿Cómo se resuelve esto? Más allá de la gambeta, los jugadores terrenales necesitan que el pase salga del eje medio. Pases profundos desde el eje central del campo. El pase tiene que salir de ahí, no desde las bandas porque el rival cubre el tercio central y el otro costado.

Otra solución es el cambio de frente, de una banda a la otra. Después hay que ver el vuelo que tiene la pelota si es tendida, que tarda menos tiempo, o si sube y baja, que supera rivales.

EL PASE, SEGUNDO ELEMENTO EXTRAORDINARIO

La pelota tiene que rodar y no que saltar. Parece irrelevante, pero es importantísimo.

El pase con la cara interna tiene menos dificultad que con el empeine. La velocidad y la longitud de esos pases con la cara interna son menores, pero la precisión es mayor.

Queremos jugar con la cara interna, pero a no a costa de que el juego se lentifique. Queremos jugar con el empeine, pero no a costa de que perdamos precisión.

Enseñar a que el pase de cara interna sea más largo y que el del empeine sea más preciso es una enseñanza que nunca se termina.

Dos jugadores profesionales necesitan repetir cinco veces el ejercicio para aprender a recibir ya perfilados.

Cuando la recepción hace que el pecho quede encima de la pelota, el siguiente pase va a ser malo.

Cuando se juegan partidos contra líneas apretadas y contra líneas comprimidas (lateralmente), esto del pase es religioso, en caso contrario no se puede jugar. Todo eso que parece obvio, lleva años para aprender.

La tendencia es no correr el riesgo a la intercepción del pase. Pero sin ese riesgo no hay eliminación de rivales. Hay que correr el riesgo de que te la quiten, porque si no, los rivales siguen jugando

Como decía Xavi: Vamos a llevar el balón adonde el rival tiene menos gente.

Pase vertical es cuando emisor y receptor están en la misma franja longitudinal (la misma "calle"). El problema, si se recibe de espaldas al arco rival, es que no hay visión frontal del juego y existe dificultad para jugar hacia adelante. Es un pase desaconsejado y la solución son los pases oblicuos

En esos pases en diagonal, el jugador puede observar el balón, el compañero al que habilita y el arco rival. Todo esto no sirve para Messi, a él basta con darle el balón de cualquier modo. Pero los jugadores normales precisan de esta ayuda.

Una posible solución para el pase vertical es hacer un movimiento previo para quedar perfilados y luego desplazarse hacia adelante. Esto es propio de los wines, que están obligados a jugar de espaldas y tiene que adoptar esta mecánica para poder mirar el juego perfilado; el jugador que recibe puede observar el balón, al compañero que lo habilita y al arco rival.

Hay tres formas de vincular jugadores a través del pase:

1. Un jugador conduce una pelota y da un pase.

2. El que da el primer pase recibe el segundo. Eso es el uno-dos, la pared.

3. El segundo pase lo recibe un tercer jugador.

Existen tres tipos de paredes: diagonal, vertical, horizontal.

EL JUEGO ASOCIADO

El juego asociado, que parece que no tiene normas, en realidad tiene infinidad de ellas, que uno debe enseñarle a un jugador. Sin inventar nada, copiando de quienes lo hacen bien.

Se puede aprender cuándo picar, cuándo esperar, cómo hacer el movimiento de distracción.

Cuando el jugador va aprendiendo este idioma, sin memorizarlo, empieza a desarrollar el culto al juego asociado, empieza a pensar: "Si me proponen movilidad, desmarcación, asistencia al que tiene la pelota, yo tengo herramientas".

El jugador no memoriza: si la jugada se lo pide, el cuerpo se lo va a dar simplemente porque alguna vez lo hizo. Si mecaniza, no puede llevarlo adelante: tiene que sentir la jugada. Lo percibe, y cuando en el juego ocurre eso, no sabe de dónde, pero hace el movimiento y encuentra la solución.

LA DESMARCACIÓN

Hay 5 maneras diferentes de desmarcarse, estoy seguro que son 5. Ni 6 ni 7 ni 3. ¿Por qué? Porque no encuentro otra diferente a estas cinco:

1. Recepción con giro (perfilado): El futbolista va al encuentro de la pelota, gira y queda de frente al arco, encuentra la entrelínea y da el pase final desde más cerca.

2. Recepción a espaldas del rival: Cuanto más cerca está el rival, más lejos hay que dar el pase, buscando la espalda del rival. El jugador que va a recibir hace un movimiento previo para sacar al defensor, lo lleva a un lugar al que le resulta más cómodo ir —y que al rival no le gusta ir— y recibe a la espalda del rival. Tiene el mismo efecto que la gambeta, pero a través del juego asociado.

3. Recepción al costado del rival: Esta es la acción típica del contrataque. Cuando hay contragolpe, los defensores se cierran y el jugador debe saber picar sin poder ganar la espalda. Es lo que llamamos "pase pasillo". El jugador se desmarca alejándose del rival, no buscando su espalda, tratando de que el desplazamiento transversal no le permita alcanzarlo. El cierre no alcanza.

4. Recepción contraanticipando: Lo llamo pase al rival, es muy de Messi. El jugador le apunta al rival, es como un pase al defensor rival, pero el receptor anticipa y se va. El rival y el receptor van a la misma pelota, pero el receptor anticipa.

5. Recepción por detrás del rival (pase aéreo): El receptor está delante del defensor, sale de esa posición de espaldas al arco rival, se da vuelta, queda perfilado y el pase es por arriba.

EL CIRCUITO NATURAL DEL JUGADOR

De los 8 años a los 14, el chico jugó 10 horas por día al fútbol. En tantas horas de juego, construyó solo las respuestas del juego, nadie se las enseñó.

Pero hay jugadores de mediana capacidad que necesitan de esa enseñanza.

Los jugadores son artistas admirables. Como todo artista, necesita del placer, de que el esfuerzo no sea el eje. Hace las cosas que lo gratifican.

Pero resulta que hay un montón de otras cosas que el jugador no hace, pero que posee capacidad para hacer.

No las hace porque le exigen más esfuerzo y aprendizaje. A menos talento, menos disposición al esfuerzo, salvo que uno se llame Andrés Iniesta, o al aprendizaje.

Esas cosas que no hace, lo enriquecerían a él, al equipo y al juego. No las hace porque le genera esfuerzo, no las conoce o no se las enseñaron.

CAPÍTULO 6

APUNTES SOBRE EL JUGADOR

> *"Es distinto a todos los demás técnicos: no se le escapa nada, está hasta en el último detalle que a vos jamás se te va a ocurrir. Te hace bien, te pule, te transforma en un mejor jugador. Ve lo que otros técnicos no ven y después te lo explica para que vos lo apliques a tu juego".*
>
> **Matías Almeyda, noviembre de 1999.**

(A Bielsa se le atribuye la siguiente frase: "Si los jugadores no fueran seres humanos, yo no perdería ningún partido". No hay pruebas de que la haya pronunciado. Parece folclor y, sin embargo, aún ante la buena fe del formador que busca mejorar la especie, revolotea la sospecha de que existe cierta concepción instrumental en su filosofía, que unos pocos de sus dirigidos, con quejas, han puesto de manifiesto. Como si la posición y sus funciones antecediera a la individualidad. Responde asegurando que no considera soldados o máquinas a los jugadores).

Yo pretendo que mis jugadores, en ataque, se europeícen para desmarcarse y se argentinicen para gambetear.

Rosario, abril de 1991.

El jugador que no me entiende se queda afuera. Es muy sencillo. Esto es alta competencia, que es solo para los elegidos y no puede estar cualquiera. Mirá: en los entrenamientos le metemos doscientos veinte centros a un tipo, con la concepción de que la pelota y el jugador lleven la máxima velocidad y se encuentren en un punto determinado. Así se meten goles de pelota detenida, no importa si cabeceen bien o no. De doscientos veinte que tiramos, le llegarán cinco nada más, pero la obligación que le impongo es que vaya a todas, pensando que es una de esas cinco que le van a llegar. Eso es concentración: hacer todo como si fuera tu única oportunidad. Porque una oportunidad es un gol y un gol es la vida para nosotros. Ahora, si un tipo no va a uno de los doscientos veinte que le tiro, lo mato. Lo tengo que hacer sentir como que ha violado a una mujer. Porque en esa pelota que dejó ir nos quitó la plata, el triunfo, la gloria, la vida. ¿Vos creés que estoy loco? Si es apenas una pelota en un entrenamiento. Pero el tipo que falló va a pensar que realmente estoy loco, y si no corre la próxima pelota pensará que le voy a pegar. Eso es generar clima, mentalizar .

Rosario, marzo de 1992.

Siempre les digo a los muchachos que el fútbol para nosotros es movimiento, desplazamiento. Que hay que estar siempre corriendo. A cualquier jugador, y en cualquier circunstancia, le encuentro un motivo para estar corriendo. En el fútbol no existe circunstancia alguna, escuchame bien, no existe motivo alguno para que un jugador esté parado en la cancha.

Rosario, 1992.

Cada vez hay menos jugadores que merecen la libertad. Cuando los jugadores reclaman protagonismo, después tienen que tener en la cancha actitudes que justifican la independencia (del entrenador) a la que aspiran. Si el futbolista aspira a ser independiente, a decidir por sí mismo, tiene que tener luego en la cancha una actitud acorde para merecerlo. Cuando usted ve jugar a Raúl, dice: "No le restemos independencia porque la necesita y la merece". Lo mismo con Ronaldo. Pero hay futbolistas que reclaman asistencia. La sabiduría del entrenador es asistir al que reclama asistencia y que precisa recursos que por sí mismo no puede generar y liberar al que merece la independencia. Lo grave del entrenador es cuando desconfía del jugador en el que tiene que confiar (…).

Bienvenido cuando el esfuerzo es sustituido por la imaginación. Ahora, algunos entienden que se puede evitar el esfuerzo aún a costa de no tener la imaginación para sustituirlo (…).

Aspiro a tener jugadores a los que no tenga que invadir. Pero cuando observo que hay un jugador que merece ser invadido… tampoco hay que confundirse, porque si uno le da libertad a un jugador que no la sabe manejar… En la derrota, si uno es obsesivo, los jugadores dicen: "Necesitamos libertad". Pero en la victoria no lo dicen. Si el entrenador es permisivo, en la derrota los jugadores reclaman mano dura. Siempre hay una doble vara.

México, agosto de 1996.

Los jugadores prefieren el camino que los lleva al éxito, siempre y cuando el proyecto sea noble.

Liniers, marzo de 1998.

El jugador debe crear sabiendo que su equivocación no trae consecuencias, así crea con mucha más libertad. La organización es una referencia que está al servicio de robustecer las posibilidades creativas del individuo. El sistema tiene que ser una estructura que haga que los errores no se paguen caros. El que tiene temor a las consecuencias del proceso creativo, y esto lo digo más allá del fútbol, está mucho más encorsetado para la creación.

Liniers, mayo de 1998.

Me preocupa conseguir que los vaivenes anímicos de los futbolistas tengan la menor incidencia en su capacidad de realización. Hay que lograr que un jugador no baje o suba cuatro puntos. Que esté cerca siempre de su máximo potencial. Que logre una regularidad. Es un arte muy difícil.

Buenos Aires, mayo de 1998.

El mejor en el fútbol es el que merece licencias. Los mejores son los que están obligados a una sobreentrega y las licencias y los perdones se vinculan con los que no son los mejores. Hay jugadores que son más importantes que otros, pero no podemos permitirles sentirse imprescindibles. Tenemos que estar dispuestos a sacrificar al jugador más importante si este se siente el más importante. El ser importante no lo hace ser imprescindible.

Santiago, agosto de 2009.

Los jugadores son quienes asumen lo más difícil del fútbol, que es jugar, actuar, competir y en este caso, triunfar. Siempre los entrenadores somos producto de los jugadores que nos toca dirigir.

Leeds, julio de 2020, al agradecer el premio al mejor entrenador de la Segunda División.

Creo mucho en el juego colectivo y la generosidad de los jugadores. En el juego colectivo cada uno hace un aporte más ligado a la idea de construir el producto final entre todos que en lucirse en lo individual. En la generosidad un jugador actúa emitiendo un mensaje que diga que lo que le pasa al resto es más importante que lo que le pasa a él, esas dos cosas tienen mucho peso para mí.

Leeds, marzo de 2021.

Es fácil poner jugadores jóvenes y acrecentar la lista de debutantes. Pero lo que hay que hacer es incluir jugadores jóvenes que no fracasen. Poner jóvenes para demostrar que no sirven no es la función del entrenador.

Santiago, 2007.

No puedo pretender que todos mis jugadores sean iguales y piensen igual. Si en el minuto 85, empatando 0-0 de local, con el rival atrás, le pedís a tus jugadores que inventen y no le diste lugar a su creatividad, no le vas a encontrar la vuelta (…).

Antes había muchos y muy buenos jugadores. Ahora hay no tan buenos y en mucha menor cantidad. Por eso ahora resulta mucho más difícil marcar grandes diferencias y gestar grandes actuaciones.

Santiago, mayo de 2007.

El fútbol necesita que el jugador tenga una alta au-
toestima, pero la autoestima lleva a la vanidad y la
vanidad te hace egoísta. El entrenador debe apren-
der a controlar eso dentro de un grupo y encontrar
un balance.

Bilbao, 2011.

Nunca uso la palabra soldado para referirme a un
jugador de fútbol. Tampoco interpreto al jugador de
fútbol como una máquina. Las dos comparaciones
me parecen desafortunadas.

Bilbao, junio de 2012.

Valoro mucho la capacidad creativa de los jugadores
y poder imponer los recursos técnicos que exigen un
carácter que no debe descuidarse. Estoy planteando
una situación demasiado ideal: jugadores muy ricos
técnicamente, de mucho carácter e inteligentes. El
problema es encontrarlos luego.

Lille, mayo de 2017.

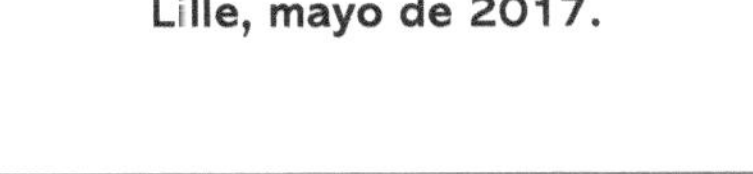

A partir de la proposición (del director deportivo), doy mi punto de vista y lo hago revisando 15 partidos de cada jugador (de los 120 propuestos). Eso presupone haber revisado 1.800 partidos. Eso ni lo hago yo en la totalidad ni vemos los 90 minutos.

Lille, septiembre 2017.

El futbolista no honra su relación con el hincha. No está a la altura de semejante pacto moral y afectivo. Pero no es el responsable: los hemos pervertido entre todos. Sin embargo, hace muchos años que ejerzo este oficio y por primera vez he decidido centrar mi tarea en potenciar la virtud del futbolista a través de provocarle emociones verdaderas. Lograr que un futbolista se emocione con una cosa que hace una sola vez a la semana no tiene nada que ver con todas esas cuestiones que se usan ahora, de coaching, herramientas vinculadas a la industria y a los que producen dinero. Si uno tiene la necesidad de emocionar a otro, es indispensable que uno también se emocione, sino ese procedimiento no ocurre (…).

El mensaje que recibe el jugador, de algún modo, es "te quiero si ganás. Te quiero solo si ganás". El jugador, interiormente, responde: "Necesito que me quieran para ganar, no solo si gano. Es tu afecto el que me fortalece y me autoriza al éxito (…).

Lo mejor es lo que llega más alto, pero no del todo, considerando de dónde partió. Porque lo mejor, al principio, no tiene méritos: lo heredó todo de su genética. En el fútbol exijo pasión para desarrollar las propias cualidades. A los mejores les damos privilegios, en cambio deberíamos darles obligaciones extra, porque los privilegios provocan el individualismo. Pero si un equipo está unido, no significa que vaya a ganar con seguridad. Pero lo cierto es que si el equipo está desunido, no ganará.

Perugia, mayo de 2017.

Lo que los jugadores, en general, valoran mucho y agradecen es que el entrenador no les mienta (…). El mayor elogio es que el jugador valore la sinceridad del entrenador porque lo reconoce creíble y le otorga esa condición.

Leeds, abril de 2021.

"En dos semanas en el Leeds vi más videos que en los dos años en Barcelona. Te explica cómo quieren que juegue en todas las situaciones posibles, cuidan todo al detalle. Te estudiaron para decirte cómo comportarte en el campo".

Junior Firpo, agosto de 2021.

CAPÍTULO 7

NOMBRES PROPIOS

> *"No lo tuve como técnico, pero es una persona que admiro por lo que hizo con Argentina, Chile y el Athletic y es un técnico al que me hubiera gustado tener".*
>
> **Lionel Messi, noviembre de 2011.**

(Acaso atento a valores, preceptos y a su criterio de uniformidad, no parece casual que, en 30 años de actividad pública, no sean tan abundantes las opiniones de Bielsa sobre apellidos en particular en comparación con otros tópicos. En cualquier caso, parece un poco más cómodo hablando de entrenadores que de futbolistas. Maradona, Messi, Valdano, Guardiola y su mentor Van Gaal se llevan los más encendidos elogios, aún en el disenso. Por lo tanto, al jugo de este capítulo hay que sumarle un reconocimiento a su honestidad intelectual).

Diego Maradona es una figura incomparable y un estímulo permanente para quienes se dedicaron a ser futbolistas.

Buenos Aires, junio de 1999.

Es inigualable, una figura que estimula el sentimiento de todos los que queremos al fútbol argentino. Es un detonante al afecto.

Rosario, diciembre de 2006.

No hay nada mejor que un jugador de fútbol para resolver un partido, pero hoy los entrenadores y los equipos han decidido que el proceso creativo es secundario y esto es malo y triste para el fútbol. Si el fútbol destructivo creció y la jerarquía de los jugadores por sí sola no alcanza para detener esto, que es tan dañino, habrá que ver si no se necesita del desarrollo de algunas ideas colectivas de ataque que auxilien la capacidad creativa individual. Si pudiéramos darle la pelota a Maradona y que él resuelva estaríamos todos muy felices, pero no hay más Maradonas, y seguimos pensando que el fútbol es según él.

Ezeiza, febrero de 1999.

*Tengo un permanente sentimiento de gratitud
por todos los momentos que Maradona me
permitió disfrutar. Es un regalo que me hizo esta
profesión.*

Ezeiza, mayo de 2003.

*Le debemos tanto a Diego que, diga lo que diga,
nunca me dispongo a dar coincidencia o disiden-
cia. Él nos dio tanto que siento la obligación de
escuchar y respetar, más que escuchar y opinar
(...). Seguramente, el destino le ofrecerá a Diego una nueva posibilidad como la que él desea.*

Lille, noviembre de 2017.

*Tengo un recuerdo inmejorable de Maradona.
Fue y va a seguir siendo para nosotros un ídolo
y que ya no esté nos da muchísima pena. La pérdida de un ídolo es una sensación de debilidad
para todos nosotros. Fue un artista, la dimensión de la repercusión de su arte tiene infinidad
de reconocimientos. Para poner un ejemplo,
que sale de lo común, las canciones que se han
escrito sobre él y que son extraordinarias. Leí 10
textos posteriores a su fallecimiento que fueron
emocionantes. Hay un reconocimiento a lo que
él le dio a los espectadores en forma de belleza. En cuanto a lo que significa para nosotros
en particular, Diego nos hizo sentir qué es la
fantasía que genera el ídolo, el mito, la leyenda.*

Hace que un pueblo crea que lo que hace esa persona somos capaces de hacerlo todos. Por eso la pérdida de un ídolo golpea tanto a los más excluidos e indefensos porque son los que más necesitan creer que es posible triunfar.

Leeds, noviembre de 2020.

Messi es un futbolista incomparable que, desde donde uno lo observe, produce asombro. Todo lo que él hace, produce asombro. No admite comparaciones y todo lo que se dice sobre él, lo merece.

Bilbao, noviembre de 2011.

Messi es un jugador que tiene soluciones para la mayoría de los problemas que se le presenten.

Bilbao, junio de 2012.

Sentí una alegría enorme por todos: por él, que perseveró, luchó, aguantó, esperó y triunfó, y eso es un mensaje contracultural. Vivimos en la cultura de lo inmediato y Messi, por no haber ganado, sufrió todo tipo de ataques. Me dio alegría por él, me dio alegría por sus compañeros, que lo homenajearon, me dio alegría por el cuerpo técnico y me dio alegría por el pueblo argentino, que está tan necesitado de poder alegrarse por algo. Me sentí muy orgulloso, me sentí representado, me sentí parte y me alegré, genuinamente.

Leeds, agosto de 2021, después de que la selección argentina ganara la Copa América.

Vi jugar y fui un contemporáneo de Lionel Messi, de Diego Maradona, de los grandes jugadores de la selección argentina que jugó el Mundial de 1978. Crecí admirando esas tres generaciones de grandes futbolistas argentinos.

Leeds, septiembre de 2021.

Jorge Valdano es un exponente absolutamente calificado y que vale la pena revisar lo que piensa porque, aun a quienes pensamos diferente, su mensaje nos conmueve.

Buenos Aires, enero de 1997.

Tengo una profunda admiración por Jorge Valdano. Admiro el desarrollo de su mensaje, pero nunca podría pregonar lo que él pregona. Valdano diría: "Mínimo de orden, máximo de creatividad". Porque tampoco es cuestión de ignorar la otra parte. A mí, por ejemplo,

me fascina la gambeta, que es el acto más individualista que tiene el juego. Valdano diría: "Vamos a regar al que sabe poquito para que aprenda a gambetear". Yo elijo otra cosa.

Buenos Aires, marzo de 1998.

A Valdano lo conozco desde los 15 años. Con él tengo la felicidad de estar en civilizado desacuerdo. Cuando nos juntamos surge una tormenta de ideas, cada uno tira las propias sobre la mesa y al final terminamos resignando.

Ezeiza, agosto de 2001.

Un amigo, Jorge Valdano, un tipo extraordinario, superior, una vez me dijo: "Frente a la duda, lo que cueste más trabajo". Pero no es así, no hay que hacer eso. Eso no acerca la felicidad, que es el fin genuino que tenemos.

Santiago de Chile, 2009.

La selección argentina que yo dirigí tenía futbolistas destacados. Ariel Ortega era un crack único; Pablo Aimar era otra versión de un futbolista inolvidable, lo mismo que Juan Sebastián Verón, y algunos defensores extraordinarios, como Roberto Ayala.

Leeds, septiembre de 2021.

Me da mucho orgullo ser compatriota de Javier Mascherano. Es un ejemplo futbolístico para observar.

Bilbao, junio de 2012.

Claudio Caniggia es un jugador que ejecuta una posición en la que cada vez hay menos futbolistas que la interpretan, que es la de jugar por el costado con intención del desborde. Lo convoqué porque hay pocos como él.

Stuttgart, abril de 2002.

"Claudio, ¿le puedo decir algo? Para mí, el mejor jugador que tuvo el fútbol argentino después de Maradona fue usted... Pero... ¡qué lejos está de ser ese Caniggia!" .

Japón, junio de 2002, contado por Matías Almeyda.

Lo que a uno lo enamora del juego, lo que a todos nos emociona, es ver a los jugadores creativos en su mayor expresión, ¿verdad? Me parece que cada vez hay menos de esos jugadores: vamos hacia una mayor asociación, no hacia lo individual. Ya nadie gambetea como (Raúl) Bernao, como (René) Houseman, como

*(Omar) Corbatta. ¿O por qué no hay más centros
atrás? El desborde ahora sucede por asociación:
el lateral sube, se junta con el carrilero o con
el punta y, por ahí, terminan en un desborde.
Si me preguntaran qué es más bello, diría que
una gambeta. Pero el fútbol es cada vez más de
desmarcación, de dinámica, de combinación de
movimientos.*

Buenos Aires, marzo de 1998.

*Hay dos formas de interpretar lo que se paga
por algo o por alguien. Si consideramos lo que
Neymar aporta o produce, lo que se ha pagado
no es exagerado. Según esta lógica, Neymar no es
caro. Luego hay otras interpretaciones que tienen
que ver con la parcela social y a las que es fácil
recurrir para criticar este tipo de traspasos.*

**Leeds, agosto de 2017, cuando el brasileño pasó al
PSG en 222 millones de euros.**

Xavi es un monumento a la espontaneidad.

Ámsterdam, octubre de 2016.

*No conocí a nadie que ejecutara el éxito como
Gerardo Martino. Siempre amable, siempre
dispuesto, siempre un señor. Se lo extraña más
como persona que como jugador. Es un tipo extraordinario. Sin él, no hubiéramos podido hacer*

*lo que hicimos en el club. Imaginate, un entrena-
dor debutante le venía a pedir más despliegue a
la figura del equipo. Si Gerardo quería voltear el
proyecto, lo volteaba. Le bastaba con hacerse el
distraído. Pero su actitud fue ejemplar, una gran
ayuda para el profesor Castelli y para mí, y un
espejo para los pibes, que habrán pensado: si lo
hace el Tata, que es Gardel, ¿cómo no lo vamos
a hacer nosotros? Me dio un poco de pena que
se haya perdido la selección por la transferencia
al Tenerife.*

Rosario, abril de 1991.

*José Luis Chilavert tiene una enorme personali-
dad y un contagioso espíritu de triunfo. Maneja
bien la pelota con los pies. Es un inteligente
lector de los momentos del partido.*

Liniers, mayo de 1998.

*José Omar Pastoriza sintetizaba lo mejor del fút-
bol. Lo vivía con pasión, con los rasgos propios
de un futbolista. Fue alguien que brindó muchísimo a este deporte. Tenía mucho para ofrecer
todavía.*

Buenos Aires, agosto de 2004.

Ariel Ortega es un jugador puro y su presencia jerarquiza cualquier torneo en el que participe.

Ezeiza, agosto de 2004.

Juan Román Riquelme nunca se negó a una convocatoria y ambos lo desmentimos cada vez que alguien lo sugirió.

Buenos Aires, noviembre de 2001.

Riquelme compite palmo a palmo (en consideración) con D'Alessandro, Aimar, Verón. Es comparable a ellos.

Ezeiza, septiembre de 2004.

Martín Palermo es un buen tipo. No tuvo ningún comportamiento respecto al seleccionado que lo distancia de la posibilidad de integrar el equipo argentino. Ni los tres penales errados con Colombia, que me parece un episodio menor y superado.

Ezeiza, octubre de 2000.

Oscar Ruggeri se propuso como técnico de la selección y me parece bien: acumula méritos, sobre todo como el jugador emblemático que fue. Y utilizó a dos, tres o cinco periodistas para intentar su llegada al seleccionado. Tampoco me parece mal.

Buenos Aires, mayo de 2003.

Ronaldo es un fuera de serie. Su capacidad de resolver por sí mismo el partido sin que haya nada previo que haga pensar que él lo va a transformar. Esos jugadores rompen los partidos. Cuando él aparece, el partido deja de ser como era y pasa a ser cómo él decidió que fuera.

México, agosto de 1996.

Michael Owen sintetiza el jugador que va a aparecer: con cambio de ritmo, sorpresivo, no lleno de fantasías como Diego Maradona o el propio Ariel Ortega. Costará volver a ver jugadores así.

Ezeiza, julio de 2002.

No es lo mismo Casemiro que Busquets. Casemiro era número 8 inicialmente y luego se convierte en un volante de contención, pero tiene un

”

pasado de 8 que lo autoriza a crecer en el campo sin que se note que él es número 8. Busquets es un central adelantado, Casemiro es un 8 retrasado y eso habla de polifuncionalidad.

Río de Janeiro, mayo de 2017.

Acá, usted (Arturo Vidal) está jugando (como) en Bayer Leverkusen. Y todo lo que usted hace es un desorden. De nada sirven las piernas a la altura de la cabeza. Si quiere jugar conmigo debe hacer el trabajo que se le pide, no el que usted cree que hace falta. No hacen falta los héroes en el fútbol.

Santiago, septiembre de 2007.

Luis García es un tipo que se sale del juego, que está fuera del juego y uno dice: ¿Por qué? Está fuera del juego esperando que el juego le permita entrar. Hay que aprender a confiar en esos jugadores. No es que estén fuera del juego por su culpa, y cuando el juego no les permite entrar son inteligentes: no entran en un momento inoportuno, prefieren seguir esperando. Uno se enamora de esos jugadores.

México, agosto de 1996.

Patrick Bamford es un jugador completo físicamente y tanto su habilidad técnica como sus cualidades mentales son extremadamente potentes. Hay centrodelanteros que cuentan con pocas chances de goles y otros que disponen de muchas. Él se las arregla para tenerlas y se ha vuelto más eficiente. Ha hecho mucho esfuerzo y merece que lo convoquen al seleccionado inglés.

Leeds, agosto de 2021.

El paso de Kalvin Phillips por la selección y la valoración que se ha hecho de su juego claramente le permite ejercer un liderazgo dentro del equipo, y cuando un jugador se destaca, esa mejoría de su rendimiento es percibida por todos, y una de las consecuencias es que, para producir lo mismo que antes, hay que esforzarse. Al ser un jugador destacado, los rivales se esfuerzan por neutralizar su juego y para mantener su nivel debe aumentar su esfuerzo.

Leeds, septiembre de 2021.

Cuando jugamos contra el Liverpool de Mohamed Salah, Diogo Jota y Sadio Mané, sueño con que Raphinha, Patrick Bamford y Jack Harrison sean mejores que esos tres. Siempre pienso que Rodrigo, Kalvin Phillips, Mateusz Klich y Stuart Dallas van a ser mejores jugadores que N'Golo Kanté, Mason Mount y Mateo Kovacic, por ejemplo. Las comparaciones hay que hacerlas con los rivales, no con jugadores de años atrás.

Leeds, septiembre de 2021.

#

El destino de los futbolistas es un tema importante. En Barcelona, por ejemplo, está (Pep) Guardiola, un jugador de 20 años, volante central, que es un fuera de serie. Lo manejan y lo llevan de a poco. Nada es casual.

Buenos Aires, mayo de 1992.

No me acuerdo en qué partido fue, pero sí que se lo hice saber a Guardiola. Iban ganando un clásico, quedaban dos o tres minutos y, en lugar de consumir el tiempo, dieron cincuenta pases y metieron el 2-0. Ahí está expresada la grandeza de un equipo y la realidad: no hay que dejar de hacer aquello que te permitió establecer una diferencia para conservarla.

Leeds, marzo de 2021.

He visto con minuciosidad lo que Guardiola ha elaborado y el gran mensaje, el más extraordinario, es defender corriendo hacia adelante, algo que no existía. Se pierde la pelota y en lugar de replegarse, que es la actitud natural, el Barcelona hacía lo contrario. Esa actitud la señaló (Johan) Cruyff.

Ámsterdam, octubre de 2016.

Dirigiendo al Bilbao, jugamos la final (de la Copa del Rey de 2012) contra el Barcelona. Nos ganaron tres a cero. Fue un acto de generosidad de parte de ellos: después del tercer gol decidieron que era suficiente. A mí me dio una profunda tristeza esa derrota, como es natural. Cuando terminó el partido, le mandé a Guardiola este análisis (de su equipo) como un regalo que testimoniaba admiración. Guardiola lo miró y me dijo: "Vos sabés del Barcelona un montón de cosas que yo no sé". Pero no sirvieron para nada, porque nos metieron tres.

Leeds, enero de 2019.

Cuando uno elogia al rival debe hacerlo cuidadosamente para que no se interprete como una forma de aumentar la valoración de lo que produce el equipo propio, pero a mí me asombra sinceramente el Barcelona (de Guardiola). Hay un hombre libre a 50 metros del que tiene la pelota y de un solo pase la hacen llegar ahí; recuperan la pelota y están rodeados, parece imposible que salgan, sin embargo, milimétricamente filtran la pelota y salen; el campo está intransitable y ellos se dan pases dentro del área; son cosas que no son habituales y tienen que ver con la calidad de los futbolistas y con el desarrollo de una idea que es realmente asombrosa. No digo esto para agigantar nuestra producción, sino como un reconocimiento (...).

*Lo del Barcelona es una producción futbolísti-
ca absolutamente novedosa que ha generado
cultura. Le voy a explicar por qué. En Bolivia, por
ejemplo, cuando el jugador se prepara para rematar al arco de media distancia, se escucha en
la gente el "Uy" que remite al pregol. En Argentina, cuando hay un desborde y un centro atrás
también se escucha el "Uy" pregol. En el Barcelona, en cambio, cuando dan la vuelta y empiezan a transversalizar partiendo de un córner,
por ejemplo —ellos descomponen la jugada del
córner, que para muchos entrenadores da la posibilidad de convertirse en una jugada directa—,
se escucha el "Uy" pregol. Eso que en cualquier
caso generaría ansiedad porque el público, que
es emotivo y pasional, es poco tolerante, genera
un reconocimiento de la gente. Este equipo ha
trascendido los números y a su propio esquema
posicional, que son normalmente los elementos
que se recuerdan de un conjunto. El mensaje
que deja este equipo es de estilo, y ese estilo
es contracultural porque va en contra de lo que
sucede en el mundo del fútbol hoy.*

Bilbao, noviembre de 2011.

*El otro día me tocó ver el partido del Barcelona
y el Real Madrid. El Barcelona jugaba hacia atrás
la pelota, recorría el ancho de la cancha y el
público aplaudía. Siempre el público fue intole-
rante con el regreso de la pelota y la circulación
transversal. Para mí, el gran logro del Barcelona,
más allá de haber logrado jugar como juega, es
haber logrado que su público, y casi diría que el*

público universal, reconozca su estilo y le tenga tolerancia y paciencia. Comprender una forma de jugar. Y eso es indispensable en cualquier proyecto: de qué modo vamos a hacer las cosas. No es lo mismo. Pertenecemos a una época y a una sociedad en la que se bendice todo lo que sea triunfo, y todo lo que no sea triunfo, no se perdona. Pero el modo de hacer las cosas, para mí, es más importante que lo que uno obtenga. Es prioritario.

Bilbao, mayo de 2011.

La belleza del juego que construyen los equipos que dirige es inimitable. Guardiola construye equipos de autor y siempre se ha dicho que habría que ver qué consigue sin los jugadores del Barça. Los jugadores del Barça son irrepetibles verdaderamente. Los del Bayern son muy buenos y los del Manchester City también, pero la capacidad de generar un estilo que uno solo percibe en los equipos de Guardiola excede a los jugadores que dirige. Y no le quito valor a los jugadores, sino que pongo de manifiesto la intervención artesanal que Guardiola hace sobre los equipos que le tocan (...).

Al observar los partidos del City me considero un ignorante, porque hay una foto que son 10 jugadores frente a su propia área. Y el City circulando, viendo dónde es la grieta para perforar al equipo rival. Yo veo sus partidos e intento copiarlo, pero son inimitables. Veo eso y digo... ¿Cuál es la lógica? ¿Cuál es el método? ¿Cuáles son los recorridos preestablecidos que van a

resolver esa maraña de oponentes? Y uno nunca sabe, pero siempre lo consiguen. Entonces usted podrá decir: (Andrés) Iniesta, (Arjen) Robben, (Franck) Ribéry, todos los que quieran... Pero Guardiola merece ser homenajeado por todos los equipos que nos permitió ver a lo largo de su carrera (...).

A cualquier elogio de Guardiola lo juzgo siempre sinceramente equivocado y excesivo. Yo sí puedo explicar por qué merece ser elogiado tomando como referencia sus equipos; él no puede hacer lo mismo con los míos.

Leeds, mayo de 2019.

Creo que Guardiola le hizo mucho daño al fútbol porque, sin quererlo, inventó un sistema que es cómo se defiende a un equipo de Guardiola. Detrás del círculo central, en propio campo, diez jugadores: ese es un sistema para neutralizar el fútbol que propone Guardiola (...). Es muy común ver que a un equipo al que se le atribuye superioridad se le enfrente reduciendo el campo. El campo tiene 30 metros de largo y 50 de ancho, y ese es un procedimiento defensivo.

Leeds, octubre de 2020.

Hablar hoy de Guardiola es muy fácil, deberíamos dedicarnos a recordar lo mejor de Jürgen Klopp o de José Mourinho, para que el éxito circunstancial, momentáneo, no sea el elemento central para el reconocimiento. Son dos grandísimos entrenadores que han hecho cosas admirables, y vamos a ver, más temprano que tarde, cómo Klopp vuelve a construir un gran equipo en Liverpool.

Leeds, marzo de 2021.

Las ideas que Johan Cruyff propuso hace 30 años tienen hoy una vigencia llamativa. Me enamoro de aquel que dice en una frase todo lo que uno necesita un montón de palabras para hacerse entender. Su capacidad para poner en una frase una idea que todos vemos, pero que nos cuesta sintetizar.

Ámsterdam, octubre de 2016.

En su momento, Arrigo Sacchi presentó un equipo que hizo historia, con rasgos que no eran frecuentes, que eran novedosos. Pero lo que él ha propuesto, ya el mundo futbolístico lo ha absorbido, capitalizado. Sacchi empezó a popularizar el achique, en el sentido de alejarse del propio arco reduciendo el espacio que queda entre la línea defensiva y el arco rival, con la intención de que los espacios donde se disputa la pelota se reduzcan para facilitar su conquista y de ahí salir en contraataque. Ese era su primer mensaje; el segundo era la disposición lineal de la defensa. Los episodios se hacen populares

cuando van emparentados con el éxito y él condujo un Milan inolvidable. Me parece que Sacchi es injustamente elogiado en la victoria, pero así es el fútbol.

México, agosto de 1996.

Mi modelo siempre ha sido (Louis) Van Gaal, estudié más de 250 partidos de sus equipos. Al llegar al 170, adiviné los cambios que iba a hacer y comprendí que había asimilado su pensamiento. Es la influencia más significativa que reconozco en mi formación, sobre todo en relación al fútbol profesional.

Ámsterdam, octubre de 2016

Yo era un admirador del Ajax de Van Gaal. Pero esa es una cuestión de gustos. Los dos equipos de la década jugaban distinto: Milan, con línea de cuatro y dos puntas, similar al Vélez anterior (de 1997); Ajax, con tres delanteros, que es otro sistema táctico.

Buenos Aires, marzo de 1998.

Cualquier entrenador tuvo momentos como el que está teniendo Van Gaal en Barcelona. Construyó la historia de uno de los mejores equipos del mundo de todos los tiempos, porque el Ajax de Holanda (a mediados de los 90) combinaba resultados con elegancia y preciosura del juego. Parece que entre los entrenadores, solamente es bueno aquel que triunfa siempre. Y entonces el que no acierta una vez, es un inútil. En consecuencia, los técnicos somos todos inútiles.

enero de 2003.

Una cosa que me contó Valdano respecto al Ajax de Van Gaal en un partido que se jugó en el Bernabéu contra el Real Madrid en los noventa, Valdano fue la noche previa a ver la práctica del Ajax, miraba y la pelota era tac, tac, tac, el ruido de los contactos con el pie, cómo rodaba la pelota, había como un lenguaje hasta religioso en el manejo de la pelota (...).

Miré más de 200 partidos dirigidos por Van Gaal en el Ajax. En esa época venían en formato VHS: recibía un partido desde Europa sabiendo el resultado, conociendo los jugadores y con la ficha del partido. A partir del partido 150, yo le pedía a un colaborador (¡a mi mujer, bah!): "Decime en qué minuto hace los cambios". Yo no quería mirar la síntesis. Así, veía el partido sabiendo en qué minutos vendrían los cambios. Si el primer cambio venía a los 70 minutos, yo a los 69 pensaba un cambio. Recién creí que sabía algo de lo que sabía Van Gaal cuando acertaba todos los cambios, sin saber cuáles serían (...).

Nunca creí que sabía lo que sabe Van Gaal porque no sé qué siente, cómo transmite lo que siente y no sé qué recurso utiliza para que adentro del campo suceda lo que él logra que suceda.

Por lo cual, del único pedacito de la mente de Van Gaal que me apoderé es el de interpretar el juego y proponerle soluciones a partir de los cambios, que es una cosa mínima, pero, al fin y al cabo, una forma de acceder al conocimiento de otro.

Ámsterdam, octubre de 2016.

Fabio Capello propone una idea diferente a la que yo expongo y a mí eso me agrada: No se puede hablar de táctica sin hablar de jugadores.

Río de Janeiro, mayo de 2017.

Antonio Conte es un entrenador con un sello bien definido. Su forma de competir y la forma en que quiere que sus equipos compitan. Obtiene de sus jugadores prestaciones muy, muy altas. Eso exige prepararlos y convencerlos. Es un maestro en esos dos aspectos.

Leeds, noviembre de 2021.

Soy admirador de Daniel Passarella. Coincido con su forma de pensar y con su línea de conducta. Reconozco, valoro y jerarquizo el trabajo que hizo en el seleccionado.

Holanda, marzo de 1999.

No hay eternos triunfadores. El fútbol no los ofrece, ni futbolistas ni entre los entrenadores. Hay mejores o peores, los mejores tienen ciclos, es una ley de la que nadie escapa. Cesaron a Carlos Bianchi de la Roma cuando es un entrenador que suma cinco títulos, pero títulos importantes, de nivel mundial, y aun así fue cesado. Eso no lo hace peor. Lo hace circunstancialmente en derrota. Tampoco lo hace el mejor en definitiva haber ganado alguna vez.

México, agosto de 1996.

Carlos Griguol es un hombre que tiene prestigio. Prestigio es (lograr) que las condiciones se valoren más allá del día a día, algo que es imposible conseguir en la Argentina, uno de los pocos que pueden pontificar sin que lo suyo se compare con lo producido el día anterior. El problema acá es que hay que haber ganado el día anterior para hablar al siguiente. Las ideas del qué perdió el día anterior no merecen ser escuchadas. Por más calidad que tenga. El que ganó el día anterior tiene derecho a hablar no importa lo que diga.

Buenos Aires, enero de 1997.

La falsa modestia es una cosa que rechazo mucho porque es inducir a que el otro piense lo contrario de lo que está diciendo, es una especie

de manipulación. Dicho eso, yo creo que Jorge Sampaoli no es un discípulo mío. Primero porque esa palabra no la compatibilizo conmigo, segundo porque en realidad yo he notado que él es mejor que yo. Y no se lo digo por falsa modestia. Mire, una de las grandes virtudes de los entrenadores es la flexibilidad, es decir, no enamorarse de sus propias ideas. Pero a su vez uno se tiene que enamorar para convencer, porque si uno no cree a muerte... Entonces, hay una mezcla de humildad para no ser soberbio y no cambiar de idea, y una necesidad de convicción para defender las ideas que eligió. Yo no cedo en mis ideas, y no lo digo como una virtud, sino como un defecto. Sampaoli sí cede porque tiene un poder de adaptación que yo no tengo. Eso lo hace mejor que yo, indudablemente, porque él ha resuelto cosas concediendo a la posición original de partido y yo he sacrificado cosas por no conceder a mi forma de interpretar mi oficio. Entonces, decididamente creo que es mejor, y no lo digo por falsa modestia, y no lo considero un discípulo porque tiene ideas que representan a una escuela comparables con las ideas que tengo yo, y desde mi óptica imparcial, mejores que las que tengo yo. Yo no podría hacer lo que él hace.

Río de Janeiro, mayo de 2017.

Una condición indispensable para ser entrenador es poder convencer. Si yo fuera jugador, como me gustaría que me impulsen con todo el fuego que transmitió Tite, y eso está basado en la convicción, pero también en la pasión. Hay que estar apasionado por lo que uno hace y, a través de esa pasión, compartir.

Río de Janeiro, mayo de 2017.

Brasil es un equipo temible. En el fútbol actual la cautela es una virtud y el atrevimiento cotiza en baja. Es una descripción de los hechos. Yo pienso que los laterales de Brasil tienen que ver con lo histórico, los centrales son importantísimos, los dos atacantes lo mismo, los volantes de contención. Creo que hay un paralelismo con el Brasil histórico. El Brasil cauteloso es una adaptación a estos tiempos.

Santiago, junio de 2010.

Brasil es mucho para el fútbol mundial. A los que somos espectadores nos ha producido, el fútbol que ustedes fueron capaces de generar, emociones inolvidables. La belleza ha sido un factor predominante en la construcción del fútbol de Brasil, y quienes amamos al fútbol agradecemos el placer estético que nos produjo observarlas. Los clubes que tiene Brasil, la forma que tiene el brasileño de sentir el juego, todas esas cosas.

Como argentino yo no quiero que Brasil nos gane, pero veo que van encaminados a ganar porque una de las cosas importantes de los grandes equipos es que siempre juegan los mismos y no son más de 18 (en el plantel). Está claro que Brasil siempre asume su superio-

ridad respecto a cualquier rival que enfrente y juega con su esquema. Los rivales de Brasil son los que tienden a emparejar ese esquema.

Río, mayo de 2017

En la última década, Holanda le dio su rasgo al fútbol del mundo. Antes de Holanda, fue Brasil. En algún momento, Argentina. De los que yo me acuerdo, del setenta para aquí. Después, los pasajes de Italia, de Alemania, fueron pasajes de efectividad, pero no de modificaciones.

México, agosto de 1996.

En Holanda enseñan a qué pie va dirigido el pase, que no es lo mismo un pase al pie derecho que al izquierdo. Admiro este país y el juego que proponen, pero parece que se han enamorado del pase.

Ámsterdam, octubre de 2016.

El fútbol de Francia es muy potente físicamente, rico técnicamente, muy combativo y muy disputado, donde los aspectos técnicos y anímicos están por encima de los tácticos.

Marsella, agosto de 2014.

En Inglaterra existe una cultura futbolística que no está condicionada por la conquista de títulos u otras motivaciones. Lo que está fundamentalmente inculcado en los clubes de Inglaterra es la manera en la que el fútbol se vive. Si un equipo de la Premier League te gana, habrá necesitado dar el 100 por ciento para la causa, y no importa contra quién juegues, sucede aún con aquellos que no están compitiendo por posiciones importantes.

Leeds, abril de 2021.

CAPÍTULO 8

EL CONQUISTADOR DE LINIERS

> *"Con Bielsa eras un número, porque si andabas seguías jugando, sino venía otro atrás que estaba a disposición. Era más europeizado. El PF no tenía injerencia y solo practicábamos situaciones de juego real. El Loco era un obsesivo de video. Nos mostraba lo bueno y lo malo nuestro y de los otro equipos. Además, había que llevar un diccionario porque usaba palabras que no entendíamos. Carlos Bianchi era más convencional porque era físico y fútbol. Nos hacía ver muy pocas cosas de lo positivo y negativo del rival. Era más fraterno y más argentino: Te abrazaba y te preguntaba cómo estaba. Era más humano".*
>
> **Víctor Sotomayor, mayo de 2020.**

(La experiencia de Bielsa en Vélez es sumamente interesante, no solo porque es la que lo acerca al seleccionado argentino, sino también porque es la primera que lo obliga a gestionar estrellas, una experiencia de la que sale bien librado y de la que capitaliza los magullones, como en el caso de su relación con José Luis Chilavert. Impone un proyecto por sobre la idea garantizada de éxito y da vuelta la flecha: el resultado también se logra a su manera. Aunque el proceso deje heridos).

Hace bastante que no me va bien. No me fue bien en el América, que fue mi último episodio como entrenador, y no me fue bien en el Atlas, especialmente en mi segunda temporada, entonces estoy en un periodo de vacas flacas, digamos.

México, agosto de 1996.

Encontré un fútbol vaciado prematuramente de sus figuras, con muy pocos buenos jugadores y los que están todavía no se formaron totalmente. Entonces, al no estar los mejores, el nivel decae. Antes de que yo me fuera, el proceso era así: aparecía un jugador, llegaba a primera, colaboraba para que su institución formara un buen equipo, con ese equipo el club se destacaba, el futbolista se prestigiaba y después era transferido. Un ciclo de tres años de duración. Ahora el ciclo es: todavía no llegó a primera y ya fue vendido. No aporta para embellecer la liga del país al que pertenece. Lo que hace es la consolidación para su beneficio. Lo bueno es que noté que disminuyó la violencia dentro del campo.

Liniers, mayo de 1998.

Los valores que guían mi forma de conducir son los mismos. Creo en el orden, en la disciplina, en la planificación. Aunque quizás habrá que agregar algunos detalles (...).

Lo que quiero mantener del pasado es esa imagen de técnico ganador con la que me fui cuando dejé de ser técnico de Newell`s, en 1992. Para mí, el principal desafío es conservar la vigencia en un medio tan difícil como este. Me voy a enfrentar con la urgencia de los resultados, pero es un fenómeno mundial, ya que los técnicos nos vemos obligados a producir victorias (...).

Vélez es un equipo consolidado, muy compacto y convencido de una estructura muy desarrollada. No habrá modificaciones gruesas, sino que iré agregando detalles en la medida de las necesidades (...).

Tengo ideas vinculadas con la dinámica, con el fútbol asociado, el esfuerzo compartido y la resolución colectiva de situaciones en el momento adecuado.

Liniers, agosto de 1997.

El fútbol profesional siempre condiciona al triunfo porque de eso se trata. Es verdad que es una institución que viene de su ciclo más brillante, pero si no fuera así, igual sería necesario ganar. En esto siempre hay que ganar. No veo en el pasado inmediato un condimento que me obligue más que si las cosas no fueran así.

Liniers, agosto de 1997.

Usted, señor José Luis Chilavert, para mí, Marcelo Bielsa, vale, es y va a ser considerado de la misma manera que usted, señor Castromán, que recién arranca con la Primera.

Liniers, enero de 1998.

"Maltrató a un compañero mío dentro de todo el grupo. Yo salí en defensa de mi compañero y le dije de todo en la cara a Bielsa, lo que pensaba sobre él. Me separó del grupo y me dijo que me iba a arrepentir cuando volviera al vestuario. Yo volví y me puse cara a cara con él, donde le dije todo lo que pensaba".

José Luis Chilavert, agosto de 1997.

Usted sacó (ese tiro libre al ángulo) por orgulloso, solo porque el que pateaba era Maradona. Lo quiero así todos los domingos, no importa quién patee.

A Chilavert, Liniers, septiembre de 1997.

Estos resultados positivos los esperaba desde el primer día. En el torneo anterior estábamos en condiciones de producir algo similar a lo de este certamen, teniendo en cuenta la categoría de los jugadores. Pero se dieron una serie de imponderables que no siempre pueden controlarse.

Liniers, abril de 1998.

Vélez no es un equipo brillante. Es un equipo destacado. No soy un entrenador que propicie el vuelo estético de los equipos de fútbol. Soy un técnico que está más vinculado con la madurez. No busco un equipo estridente y con picos altos, sino algo estable que tenga la regularidad como consigna. La brillantez no es un estado definitivo, es un estado al que se accede y que se pierde porque es muy difícil de sostener. Si usted aspira a la regularidad, baja el nivel de prestación, pero es más equilibrado.

Liniers, mayo de 1998.

En Vélez no desperté el cariño de la gente. Me lamento por eso, porque uno trabaja para captar la adhesión popular.

Junio de 1998, al salir campeón.

Valoro muchísimo el orden interno que tiene Vélez, más allá del fútbol que fue capaz de generar el equipo, un respaldo que considerar. Nunca estuve en una institución tan ordenada, tan prolija, tan solvente, tan bien estructurada. Muy superior al América de México en todos los aspectos, esta es una institución que en la adversidad se aglutina alrededor del objetivo.

Liniers, junio de 1998, al dejar Vélez.

Ojalá Newell's, que es un club que quiero y al que pertenezco, vuelva a parecerse a Vélez.

Santiago, julio de 2009.

José Luis, soy Marcelo Bielsa. Lo llamo para agradecerle porque me demostró que es un gran profesional, en Vélez nunca me tiró el grupo para atrás. Sabe que estoy caminando por la Quinta Avenida y usted tenía razón, Nueva York es extraordinaria. Lo llamé también para preguntarle dónde había comprado esa chomba que me regaló.

A Chilavert, Nueva York, abril de 2002.

"Muchos minimizan el éxito de Marcelo Bielsa, pero su trabajo ha sido excelente. Yo tuve diferencias con él, pero las superamos porque, encima de todo, estaba Vélez. Hay periodistas que buscan subestimar su éxito en Inglaterra".

José Luis Chilavert, agosto de 2021.

CAPÍTULO 9

DOS IMPOSTORES

> *"Tengo muchas ganas de conocerlo. Es una inspiración para todos los entrenadores por lo que está haciendo. Tiene una idea, se apega a ella, no la suelta y acaba teniendo éxito. Eso le hace un personaje muy interesante en este negocio".*
>
> **Jürgen Klopp, Liverpool, septiembre de 2020**

(A lo largo de su campaña, Bielsa reflexiona constantemente sobre el éxito y el fracaso. Es uno de sus tópicos preferidos y se vuelve espesamente obsesivo con la materia durante su experiencia en la selección argentina. Aunque es plenamente consciente de la exposición constante al vaivén del resultado, no deja nunca de denunciar la absoluta desproporción entre el elogio del acierto y el repudio al error y a menudo se pregunta si la clasificación puede resultar tan maniquea. La conclusión es moderación en el éxito y solidez en el fracaso.)

Conozco bien lo que se sufre cuando se pierde. He peleado el descenso, he sido protagonista del mayor fracaso de la historia de la selección argentina, y soy un especialista en asumir momentos difíciles.

Lille, septiembre de 2017.

Te voy a decir una cosa: los segundos no existen. Los segundos no existen. Si nosotros salimos segundos es un fracaso porque no se sabe cuántas posibilidades como estas vamos a tener. Y como a vos te agarra en un momento inmejorable, no hay que desperdiciar esta oportunidad. ¿Me entendiste?.

A Cristian Ruffini, en Newell's, Buenos Aires, 1990.

En México, lo más importante es ser feliz. En la Argentina, lo más importante es el éxito. Es curioso, pero, en Argentina, éxito y felicidad son palabras que se usan como sinónimos, y no lo son. Aquí es feliz el que gana, el poderoso, el exitoso...

Buenos Aires, 1995.

Todos los entrenadores con experiencia dicen: "Ni tan alegre en la victoria ni tan triste en la derrota", y esa es una verdad que asimilamos después de vivir episodios de éxito y de victoria, no tenemos la sabi-

duría de saber que no hay que estar tan contento en la victoria sin haber perdido. Si alguna vez me vuelve a ir bien, no voy a festejar tanto como cuando me fue bien antes, porque aprendí que esto cambia con muchísima frecuencia.

México, agosto de 1996.

En la Argentina está totalmente exagerado el hecho de que triunfar se vuelve la única opción, no hay otra. Esto que empezó como un juego motivacional se volvió una verdad absoluta y única. Antes, la frase "Ganar no es lo importante, sino lo único" era un hallazgo de los motivadores para lograr una prestación superior de quienes debían intentar ganar un partido. Ahora se transformó en un axioma. La motivación siempre incluye fanatismos momentáneos para lograr el efecto, pero lo supera (...). Esa sensación de semidiós que le atribuyen al ganador, ¿a quién le amarga un dulce? Y esa sensación de inútil que le atribuyen al perdedor, uno dice: ¿Cómo hago para aislarme de eso? Hay que intentar que ninguna de esas dos sensaciones se apodere de uno .

Liniers, agosto de 1997.

Los números no se analizan, tienen comienzo y fin en sí mismos: gané tanto, perdí tanto y empaté tanto. El análisis es otra cosa. Es preguntarse qué merecí en función de lo que hice, considerando el recorrido y los recursos. Que el que gana es el que cumplió el

objetivo, estamos de acuerdo. Pero después hay que analizar. En caso contrario, pongamos que ganó el que obtuvo más puntos y ahí se terminó todo (...). El éxito convence y produce arraigo. Lo difícil es convencerse primero para llegar al éxito después.

Buenos Aires, enero de 1998.

La sociedad argentina, los gobiernos, los equipos de fútbol: todos tienen un modelo exitista. Y el público tiene una tendencia hacia el sensacionalismo. Hay dos caminos: acentuar esa tendencia o moderarla y educarla. Si la gente elige la primera vía, la sociedad y el fútbol irán empeorando.

Liniers, abril de 1998.

Si las opciones son victoria o fracaso, cuando no se gana es fracaso. El problema es si es cierto que las únicas dos opciones son victoria o fracaso.

Asunción, julio de 1999.

Me importa muchísimo ganar y para eso quiero que mis equipos jueguen bien, pero entiendo que se puede no ganar y que eso no necesariamente tiene que significar un fracaso. El fútbol no es una cuestión matemática.

1999.

Los momentos de mi vida en los que yo he crecido tienen que ver con los fracasos; los momentos de mi vida en los que yo he empeorado, tienen que ver con el éxito. El éxito es deformante, relaja, engaña, nos vuelve peor, nos ayuda a enamorarnos excesivamente de nosotros mismos; el fracaso es todo lo contrario, es formativo, nos vuelve sólidos, nos acerca a las convicciones, nos vuelve coherentes. Si bien competimos para ganar y trabajo de lo que trabajo porque quiero ganar cuanto compito, si no distinguiera qué es lo realmente formativo y qué es secundario, estaría equivocándome (...).

Nunca me dejé tentar por los elogios. Los elogios en el fútbol son de una hipocresía absoluta. El fútbol está concebido así, tiene que haber o una gran alegría o una gran tristeza. Derrota o victoria, sangre o aplauso son valores muy caros al ser humano. Entonces, en el fracaso sufro mucho la injusticia del trato, no logré nunca dominar eso. Siempre sufro mucho cuando perdemos y cuando soy maltratado, pero sí logré no creerme la duración del éxito. Como no se revisa por qué ganaste, da lo mismo, te adulan por haber ganado no porque mereciste ganar, por el recurso por el que ganaste, entonces tuve claro siempre que esa franela, porque ese es el término, es impostora (...).

No permitan que el fracaso les deteriore la autoestima. Cuando ganás, el mensaje de admiración es tan confuso, te estimula tanto el amor hacia uno mismo y eso deforma tanto. Y cuando perdés sucede todo lo contrario, hay una tendencia morbosa a desprestigiarte, a ofenderte, solo porque perdiste. En cualquier tarea se puede ganar o perder, lo importante es la nobleza de los recursos utilizados, eso sí es lo importante; lo

importante es el tránsito, la dignidad con que recorrí el camino en la búsqueda del objetivo. Lo otro es cuento para vendernos una realidad que no es tal.

Rosario, 2000.

Durante muchos años me dediqué a analizar cuáles eran los pedidos de los hinchas. Y encontré que querían una selección que no hiciera trampa, que atacara siempre, que no especulara, que fuera al frente y que supiera cuidar la pelota. En la selección conseguimos todo esto y así creí que íbamos a ganar el respeto de la gente, pero eso era una mentira. A la gente lo único que le importa es ganar y vale de cualquier manera.

Buenos Aires, mayo de 2003.

Alguna vez pensé que mi moderación en el éxito me la irían a devolver en el dolor, pero no, te terminan de masacrar. Ya aprendí a ser moderado en el éxito y sólido en el fracaso.

Buenos Aires, mayo de 2003.

Acá, el que no gana inmediatamente es un tarado. No se evalúa la manera, la forma, si lo mereció…Y ese fenómeno publicitario se devora al fenómeno deportivo. Gana uno solo y los demás pierden to-

dos. Y solo sirve el que es campeón. Este fenómeno reclama mostrar al que sufre. El primer plano es para el que pierde en lugar de ser la felicidad del que gana.

Buenos Aires, de mayo de 2004.

¡Lo que es naturaleza humana! Frente al error nos reímos, pero ante el acierto no aplaudimos en la proporción en la que nos reímos del error .

Valparaíso, septiembre de 2009.

La relación entre éxito y fracaso ha sido central en mi vida. He reflexionado mucho sobre lo que significan triunfar y fracasar. Éxito y felicidad no funcionan como sinónimos. Hay gente exitosa que no es feliz y hay gente feliz que no necesita del éxito para serlo. La obligación que tiene todo ser humano es rentabilizar sus opciones para ser feliz. Nosotros deberíamos aclararle a la mayoría que el éxito es una excepción, no es un continuo. Los seres humanos de vez en cuando triunfan, pero habitualmente desarrollan, combaten, se esfuerzan y ganan de vez en cuando, muy de vez en cuando (...). La producción se mide en función de las posibilidades, no exclusivamente en función de los logros. Tiene que haber una relación entre lo que una persona posee antes de empezar y adónde llega. Sin embargo, nosotros estamos acostumbrados a valorar a aquel que llega más arriba.

Santiago, noviembre de 2009.

Hay muchas victorias que no merecen ser festejadas.

Rosario 2012.

Del éxito y del fracaso se sale vestido. No supe gestionar el éxito de la misma manera en que supe gestionar la adversidad.

Bilbao, 2013.

Soy un entrenador que, en líneas generales, no ha tenido éxito. Eso lo demuestra mi currículum. Lo segundo es que, en pocas oportunidades, salvo en la selección, me tocó dirigir equipos de élite. Entonces, necesariamente el trabajo me reclamó más intervenir en el crecimiento del equipo y en el crecimiento del jugador. Cuando usted tiene grandes jugadores, es suficiente con no molestarlos demasiado. Si no, tiene que intervenir para desarrollarlo. No hay nada que uno pueda priorizar en la forma de ejercer su oficio que indique que ganar es indispensable. Es el eje de la intervención. Yo vivo como un fracaso no haber ganado. Yo gané muy poco. No pude ganar. Uno se va quedando sin argumentos si no gana. Y eso es cierto: los entrenadores, para justificar nuestra realidad, vamos atribuyendo al perfil positivo de nuestra labor. La vamos jerarquizando. Pero lo importante es certificar con éxitos deportivos la gestión de un equipo de fútbol.

Río de Janeiro, mayo de 2017.

CAPÍTULO 10

TEORÍAS SOBRE LA CONDUCCIÓN

> *"Cuando te quería hacer ver lo que él quería de vos te encerraba en una habitación con un televisor y una video. Te ponía el cassette, pasaba las jugadas y te decía: 'Esa es su peor versión'. Te hacía ver lo que pretendía de vos para el equipo. Y te decía las cosas en la cara, no daba vueltas. Un tipo directo y sincero. Difícilmente haya alguien que pueda hablar mal de eso".*
>
> **Juan Sebastián Verón, septiembre de 2019.**

(¿Qué clase de líder se asume Bielsa? Uno que tiene la necesidad perentoria de economizar palabras frente a la magnitud del mensaje, pero que reclama reflexión antes que obediencia ciega. Su rol como líder precisa de la interpelación, de un ida y vuelta que redunde en el convencimiento del jugador. Este tipo de liderazgo no presume un sentido único, porque su mecánica persuasoria requiere, de paso, de cierta complicidad con el futbolista, anclada siempre en el territorio de lo moral).

Los líderes necesitan que cuando hablen los escuchen. La mejor manera de conseguir eso es hablando poco. Aunque provoquen sonrisas, los grandes líderes hablan muy poco, pero son escuchados e interpretados cuando se expresan. Yo he dado el primer paso: hablo poco, veremos si soy escuchado. La voluntad y el ejemplo no necesitan de la palabra y producen efectos muchos más amplios que la palabra (…). La jefa de terapia intensiva del Hospital de Niños de Rosario (Estella Binelli) no habla nunca y es un líder monumental al que habría que escuchar muchísimo más que a nosotros, que hablamos mucho y no decimos nada.

Marsella, agosto de 2014.

Uno debe querer a quien conduce. Para eso hay que incluir al que no protagoniza y entender que los rebeldes no nos desafían, sino que simplemente están informándonos. Lo que no podemos permitir es que los jugadores dejen de luchar. El desborde, el desorden, lo que pase está admitido. Los choques, los bailes… Lo que no está permitido es que dejen de luchar. Si luchan por el objetivo de todos, merecen estar (…).

El liderazgo se ve en la derrota y el conductor solo es bueno si ha superado la adversidad. Las operaciones y los cambios se hacen en la victoria, no en la derrota. La adversidad es el momento de observación de las cosas.

Santiago, agosto de 2009.

Siempre pienso que hay que invertir para enfrentar la adversidad. La conducción de alguna manera se pone a prueba en la adversidad. La única manera de enfrentarla es en conjunto y solamente se puede hacer ese intento en conjunto si uno ya ha logrado que el grupo piense que tales o cuales virtudes son positivas.

Valparaíso, septiembre de 2009.

Más que obedecido, el líder busca ser interpretado. Es la única forma de que su liderazgo sea duradero y se mantenga, incluso cuando ya se ha perdido el poder.

Santiago, septiembre de 2009.

La conducción de un grupo tiene que ver con tratar de neutralizar la ansiedad del que quiere ganar como sea, transmitirle a la gente que un estilo los defiende (...).

Hace falta tolerancia al error. No es lo mismo conducir admitiendo el error que conducir descartando el error (...).

Creo verdaderamente que esta condición de conducir no es muy diferente a la que lleva un padre de familia. Sinceramente, digo que tiene mucho más que ver con la repercusión de lo que hacemos que con lo que hacemos verdaderamente. Es decir: nos ponen a nosotros aquí por

> *los antecedentes, por la repercusión, porque a
> todo el mundo le gusta el fútbol. El fútbol está
> encarnado en el ser de los argentinos, pero un
> padre de familia también administra las emo-
> ciones del grupo que dirige, de sus hijos, de su
> esposa, del resto que confluyen en la familia,
> por lo cual lo que les cuente también puede ser
> vinculado con cada uno de ustedes.*

Rosario, 2011.

> *He hecho concesiones, que han debilitado
> mi manera de hacer las cosas, para continuar
> avanzando (...). Admitir que hay que cambiar la
> forma de trabajar exige aceptar una disminución
> de la autoestima, que en mi caso podía estar
> sobredimensionada por la valoración externa
> que se hacía de mi trabajo.*

Marsella, 2015.

> *Digo mucho menos cosas de las que conozco y
> de las que sé. Hace mucho que sé que, cuando
> uno tiene un rol de conductor, la verdad tiene
> que ser dicha si el efecto de decirla mejora al
> colectivo, no si mejora a quien lo dice. Hay un
> montón de verdades que no expreso justamente
> porque uno tiene que decirlas no para mejorar la
> propia imagen, sino la del colectivo.*

Ámsterdam, octubre de 2016.

Cuando un líder entra a un lugar con mucha gente, como es el vestuario, desciende el nivel de sonoridad del lugar: no vaya a ser que quiera decir algo y no lo escuchemos. Casualmente, el líder habla muy poco y en voz baja. Comparativamente, se le festeja y reconoce lo que a la gente normal no. El mismo chiste genera risas si lo cuenta él y burlas si lo cuenta uno (...).

Cuando uno quiere captar al jugador, actúa con bondad. Cuando la captación generó éxito, aumenta la autoestima del líder que dice: "Ya no es necesario seguir siendo bueno". Puede ser justo, porque ya tiene un prestigio que permite relacionarse con el futbolista no a través de la concesión, sino de la justicia. Pero los líderes verdaderos no se quedan en ninguno de esos dos estados y se convierten en líderes humanos, que es la mejor versión del conductor.

Perugia, mayo de 2017.

¿Quién quiere convivir cuatro horas por día con gente especulativa, traidora, tramposa, sin autocrítica? Yo quiero convivir con tipos con los que valga la pena vivir.

Río de Janeiro, mayo de 2017.

CAPÍTULO 11

LA TERCERA POSICIÓN

"Bielsa es un joven con inquietudes. Tiene sus ideas y trata de desarrollarlas. Pero hay un punto de partida en el que no nos vamos a poner de acuerdo. Él piensa que el fútbol es previsible y yo no. No creo que lo pueda manejar desde ese punto. Si el fútbol fuera previsible se resolvería desde la teoría y sería muy fácil".

César Luis Menotti, septiembre de 1998.

"Comparto su esquema porque es parecido al que impusimos nosotros en el 86. Me dicen que ve muchos videos para estudiar rivales, igual que como empecé a hacer yo hace 25 años".

Carlos Bilardo, enero de 2001.

"Vivimos en una sociedad exitista donde ganar, para mucha gente, casi es lo único y lo que importa. Los procesos quedan en segundo plano. No tuve la suerte de trabajar con Bilardo o Menotti, pero haber ganado los Mundiales hace que los dos sean referentes. Es verdad que se podría incluir a Marcelo. El principal activo de Bielsa es haber creado algo diferente a Bilardo y a Menotti. Puede estar un poco en el medio".

Mauricio Pochettino, junio 2020.

(La gran confrontación dialéctica de estilos en el fútbol argentino estaba en su apogeo cuando Bielsa entró al rodeo, y mientras unos lo miraban con recelo y otros con ganas de sumarlo, el rosarino trató, por todos los medios, de mostrarse ecléctico —protagonismo más orden— y mantenerse prescindente, aunque el desarrollo de su discurso finalmente terminó por acercarlo un tanto a uno de los polos, lo que se volvió evidente. No hay edición en esto: si hay más citas a uno en particular, ello es porque se devela cierta indisimulable empatía).

Durante 16 años, ocho años Bilardo y otros ocho Menotti, condujeron a la selección argentina. Ambos tienen ideas antagónicas de ver el fútbol y coincidieron con mi etapa formativa. A mi ciudad llegaban entre diez y doce periódicos y a mí me gustaba leer sobre los dos. A los diarieros no les gustaba cuidar el kiosco y yo me ofrecía a hacerlo para leerlos. A raíz de eso conocí matices de ese oficio y luego, durante unos años, fui propietario de un negocio de ese ramo.

Marsella, septiembre de 2014.

Soy tan solo el producto de 16 años con mensaje. Porque Menotti y Bilardo, más allá de sus diferencias, lo tuvieron y lo propagaron (en la selección). No hay ninguna contradicción. Lo que pasa es que en la Argentina jamás los técnicos obsesivos se preocuparon por jugar ofensivamente. Y yo soy un obsesivo del ataque. Yo miro videos para atacar, no para defender. ¿Sabés cuál es mi fútbol defensivo? "Corremos todos". El trabajo de destrucción tiene cinco o seis pautas y chau, se llega al límite. El fútbol ofensivo es infinito, interminable. Por eso es más fácil defender que crear. Correr es una decisión de la voluntad, crear necesita del indispensable requisito del talento.

Rosario, 1991.

El fútbol tiene dos claras vertientes. Una es la creativa y otra es la que tiene que ver con lo planificable. Yo no creo que sean valores antagónicos. Aunque en la Argentina hay que tener cuidado en usar las palabras porque si uno habla de creación es menottista y si se refiere a la planificación es bilardista. Pero cualquiera sabe que en un partido van a suceder cosas siempre. Y para esas cosas hay que organizar una respuesta. Trato de encontrar un lugar equidistante entre ambas posiciones. Si alguna vez alguien me pide un mensaje de lo que es el ejercicio de la dirección técnica digo que es la capacidad de crear el clima en el que el futbolista se permita el acto creativo y, a la vez, dotarlo de (respuestas para) las situaciones que uno sabe que van a suceder.

Rosario, mayo de 1992.

Hay gente que entiende que el fútbol es un episodio absolutamente espontáneo. Y otra que cree que ese episodio puede ser interpretado. Creo que el entrenador está obligado a interpretar el juego. El futbolista puede ser nada más que espontáneo, pero el entrenador debe analizar y luego llegar a la espontaneidad, pero no debe ignorar el análisis. Cuando usted conduce, no puede decir que suceda lo que tenga que suceder porque el fútbol es un juego. Eso es una verdad, pero el entrenador está obligado a un análisis diferente. No es un espectador, no es un futbolista, no es un periodista: tiene la obligación del análisis profundo. Luego, debe traducir de forma sencilla sus conclusiones para no desvirtuar la condición del juego. Interpretar el juego desde la complejidad y luego hacerlo accesible para que el público lo entienda, para que un periodista lo comprenda o para que un futbolista lo desarrolle.

México, agosto de 1996.

La división está entre los entrenadores que valoran la inspiración —el fenómeno creativo individual como la base de impulso del fútbol— y los que entienden que la organización y el orden es la base del proyecto. Son antagónicas. La creación es un proceso que exige libertad y la organización es un proceso colectivo que exige cierta disposición generosa para postergar las aspiraciones individuales. Ambas no pueden convivir en plenitud. Una es a costa de la otra, en detrimento de la otra. Soy un hombre ordenado, que prefiere la organización a la libertad y el desorden que exige la inspiración. Soy así porque no puedo ser de otro modo, pero valoro proyectos antagónicos. Siento así y valoro lo contrario, no lo rechazo, en tanto y en cuanto lo contrario tenga un sustento que lo vuelva admirable al proyecto. Lo que nunca vamos a ver es que alguno haya ganado con los argumentos del proyecto contrario, porque entrenar es convencer y uno convence difundiendo los puntos en los que cree: por eso nadie triunfa con las ideas ajenas.

Buenos Aires, enero de 1997.

Hay una lectura equivocada en algunos. Ganar con frecuencia genera la obligación de ganar siempre. Y el fútbol no tiene fórmulas únicas. Por eso tuvieron éxito técnicos de distintas escuelas. Han ganado títulos entrenadores que privilegian la inspiración del jugador y otros que les dan prioridad a las respuestas prestablecidas. Ninguno de los dos caminos asegura el éxito. Pero, así como el triunfo está detrás de cualquiera de esas posibilidades, el fracaso está detrás de cualquier proyecto. Y al exitoso hay que permitirle el fracaso.

Buenos Aires, junio de 1997.

Me siento cómodo en el orden. El orden nunca lo resigno.

Buenos Aires, agosto de 1997.

La polémica Menotti-Bilardo es un reduccionismo. Prefiero hablar de flexibilidad, de principios defensivos, de una conceptualización más amplia que esa. Aunque valoro el trabajo de ambos. Reducir todo a esas dos opciones no encaja con la realidad. Me parece mal que cada vez que alguien marca en zona se diga que es tal cosa, y cada vez que se marca hombre, se diga tal otra (…). Un entrenador no es mejor por sus resultados ni por su estilo, modelo o identidad. Lo que tiene valor es la hondura del proyecto, los argumentos que lo sostienen, el desarrollo de la idea. (...) No hay que juzgar la idea, sino el sustento. Yo puedo valorar proyectos antagónicos. Lo que nunca se puede hacer es sustituir las convicciones.

Buenos Aires, enero de 1998.

Estoy rotulado como un técnico defensivo y me parece injusto. En la Argentina, el día a día no puede hacer nada contra el valor instalado.

Buenos Aires, marzo de 1998.

Si tuviera que elegir, diría que me siento más cómodo con el orden que con la espontaneidad. Hay entrenadores que propician un clima creativo dentro del equipo. No es que yo no valore eso, pero hay situaciones que son antagónicas y un técnico no puede estimular simultáneamente las dos cosas. (Eso es) porque el orden tiene reglas y la espontaneidad tiende a la ausencia de reglas. Teóricamente no habría obstáculos para que convivan, pero en la práctica los mensajes que propician una cosa se contraponen con los otros. Entonces es difícil ser ordenado y espontáneo a la vez. Esa es, para mí, la gran clasificación de los entrenadores: los que privilegian la resolución del juego a través de las respuestas individuales o los que acentúan en la preconcepción de esas respuestas. Creo en eso más que

”

en la división entre defensivos y ofensivos. Esa caracterización es sumamente engañosa, porque los equipos no están preparados para una cosa o la otra, sino para las dos, en proporciones que nadie puede determinar de antemano.

Buenos Aires, marzo de 1998.

Nadie cambia los rótulos. Bilardo es siempre destructivo. Se lo identifica con la marcación de líbero y stopper. Hasta ahí llega el análisis. Menotti es creativo y juega al achique. Es un reduccionismo absoluto. Desde los 19 años hasta los 35 me formé como entrenador. Siempre me gustó informarme, por lo que pasé los ocho años de Menotti en la selección y los ocho años de Bilardo leyendo sus declaraciones. Son tipos de una densidad tal en su mensaje que me parece ofensivo decir achique contra líbero y stopper. Eso es minimizar, es injusto.

Buenos Aires, mayo de 1998.

Hay un engaño al que se somete al entrenador. El falso dilema de ganar o jugar bien. En el 90 % de los casos está más cerca de ganar el que juega mejor. Jugar bien es el camino más directo para ganar. A la gente le presentan que jugar bien es lo contrario a ganar o que la mezquindad

es el camino para ganar. Ahí están los indicios claros de que no hay debate en el fútbol argentino (…). No parece interesarle a nadie.

Buenos Aires, mayo de 1998.

Para mí hay un camino que autoriza a los equipos a la victoria y es el protagonismo. No concibo el fútbol sin protagonismo, pero ese es una intención que hay que sostenerla con decisiones. Igualmente, a veces, aun con la intención y con la decisión, no se consigue. Digo esto porque en muchas ocasiones la realidad hace suponer que uno ha falseado la intención y no es así. Hay situaciones que privan al entrenador y a sus jugadores de llevar adelante el deseo genuino de ser protagonistas.

Buenos Aires, marzo de 1999.

No estoy de acuerdo con eso de separar ganar y jugar bien. No es justa la división de la jerarquía de los recursos y de la victoria como hechos independientes. No hay camino más corto y agradable como la belleza del juego. No me parece bien que el planteo tenga que hacerse con tendencia a separarlos. Se escucha mucho la pregunta ganar o jugar bien. Creo que debería ser una afirmación: jugar bien para ganar, y no una interrogación entre dos opciones.

1999.

Creo en la Nuestra, creo en un estilo que identifica al fútbol argentino, pero también es cierto que, en los últimos años, en todo el mundo se ha privilegiado el triunfo por sobre los recorridos de cómo lograrlo.

Buenos Aires, marzo de 2000.

La producción de la Argentina no se medirá por los rivales; lo que se considerará será dónde terminemos. ¿Si comparto la norma? No importa. Estoy aquí, sé cuáles son las reglas del juego y todos ustedes saben perfectamente que el recorrido es menos importante que el resultado final para la valorización que hace el medio argentino de la producción. De todas maneras, para satisfacer los dos extremos de la hipótesis, no hay nada mejor para llegar al éxito que elegir la belleza del juego.

Ezeiza, diciembre de 2001.

No concibo el fútbol sin protagonismo. Tengo una atracción exagerada por la victoria. Y el protagonismo es el mejor camino para acercarse a ella. Mi intención siempre es ser protagonista. Creo en eso, me hace sentir seguro. Es más, me siento muy incómodo con la especulación. Desconfío porque la especulación siempre me defraudó, me

golpeó. Jamás pensaría un partido especulati-
vo, no protagónico y que el equipo no tenga el
objetivo de situarse en el campo contrario. En
cualquier cancha y frente a cualquier rival. Hay
un empalme más armónico entre la pretensión y
la posibilidad. Creo en los líderes, son indispen-
sables porque todos necesitamos ser conduci-
dos. Los momentos difíciles exigen una figura
referencial.

Santiago, julio de 2007.

Defendemos atacando: la tentación de obturar
todos los caminos de llegada del rival también
significa multiplicar la cantidad de pelotas de las
que van a disponer. Si usted especula e igual le
empatan, va a ser criticada la especulación y recla-
mada la nobleza.

Bilbao, 2007.

Prefiero el protagonismo con la pelota antes que
la especulación y estar en el campo rival antes
que en el propio. Más tiempo en posesión de la
pelota antes que intentando recuperarla; utilizar
el reglamento para que el juego sea mejor y no
para sacar ventaja. Y, en la medida de lo posible,
anticipación de todas las líneas en el desarrollo
del juego.

Bilbao, julio de 2011.

La movilidad dentro del terreno provoca que los 10 futbolistas de campo tengan, además de su puesto original, otros tres alternativos. Tengo una profunda admiración por César Menotti. Estoy seguro de que me costaría mucho convencerlo de que esto es necesario y es cierto. Él tiene una frase muy famosa sobre cada cosa en su lugar: el inodoro en el baño, la cocina en la cocina… Esto es un poco lo contrario. Creo firmemente en esto aunque me enfrente con una referencia que me provoca tanta admiración como la que significa Menotti. Cuando uno propone una idea, tiene que estar muy seguro de qué piensan los que opinan lo contrario de lo que uno dice. Porque opinar lo contrario de lo que dice un sabio pone muy en riesgo a quien dice algo distinto (…).

Al maestro Menotti la palabra polifuncionalidad no le gusta y es natural que sea así. Pero la polifuncionalidad la hacen los mejores, porque lo contrario es la función exclusiva: "Solo sé hacer esto". Y para que el fútbol crezca, los jugadores tienen que saber jugar en distintas posiciones. Permiten que el juego vuele. A veces un entrenador pone en una función al que peor hace la función específica, pero se enamora de lo que le aporta en otros aspectos del juego.

Río de Janeiro, mayo de 2017.

Hay dos grandes tipos de entrenadores. Los que intervienen y los que acompañan, que impulsan más que intervenir. Hay entrenadores que corrigen y otros que estimulan. Hay entrenadores que trabajan en el error y otros en el acierto. Y otros que trabajan en la autocrítica y en la corrección (de los errores), y otros que trabajan con el olvido, dejando atrás lo malo. Si se hace una tabla, ganan en igual proporción unos y otros. Las dos fórmulas son exitosas, proporcionalmente exitosas. Lo que no sucede es que gane uno disfrazado como el otro, como el antagónico. Eso quiere decir que el futbolista no se deja engañar, que percibe al impostor. El engaño puede tener efecto inmediato, pero no duradero (…).

Si se enfrentan dos equipos que juegan a no correr riesgos, no hay partido. Prefiero no tener ningún punto buscando obtener tres, que obtener uno sin ninguna posibilidad de obtener tres.

Perugia, mayo de 2017.

Todo el mundo sabe que el camino más corto para ganar es jugar bien. Entonces, ¿por qué tenemos que plantear como opción el resultado con la calidad del recurso, si es la calidad del recurso es la que te acerca al resultado? ¡Cuanto mejor se juega, más posibilidad hay de ganar! Cuanto peor se juega, menos posibilidad. ¿Por qué hay que plantear la calidad del juego respecto de la obtención del resultado? Si faltan cinco minutos y vamos ganando 1-0, bueno, lo que haya que hacer mientras sea legal, se hará. Ahora, eso no te acerca al triunfo. Usted ve a el equipo de Guardiola y juegan siempre igual, van ganando, ¿y usted cree que se refugian, que tiran la pelota

afuera, que la recuperan y la pierden, que dan pases largos divididos? No, hacen lo mismo que los acercó al triunfo, porque saben que hacer lo contrario los aleja de mantener lo que consiguieron. ¿Cómo va a ser un concepto válido: "Si van ganando, dejen de hacer lo que les permitió marcar la diferencia porque, de ese modo, van a conservar mejor la ventaja que obtuvieron"? Eso va contra toda lógica. Si vas ganando, tratá de prolongar lo que hiciste porque fue justamente eso lo que te permitió generar una diferencia. Si dejás de hacerlo, o de intentarlo, las posibilidades de conservar lo conseguido disminuyen.

Leeds, marzo de 2021.

(Hablando de) grandes entrenadores, estoy pensando en Menotti, que hizo algunos equipos donde el fútbol, en sus posibilidades de belleza, lo conseguía en un porcentaje muy alto a través de un grupo de jugadores. Ese me parece un elogio que Menotti merece.

Leeds, abril de 2021.

"Hay entrenadores que jerarquizan la profesión, más allá de si juegan para acá o para allá. Se plantan en una conferencia de prensa y no dejan que digan boludeces. Hablé una vez sola con Bielsa, que se portó muy bien conmigo: me regaló las obras completas de Roberto Arlt. Y

yo no había hecho nada por él, lo único que dije en su momento fue que me parecía muy bien que fuera al Atlas, de México. Cuento esto y no debería... Tengo mucho respeto por él, es un tipo que se prepara, que estudia, que lee, que le hace bien a la cabeza de los jugadores. El Bielsa de Newell's ha evolucionado, era insoportable, además, leproso... mayor defecto no podía tener. Ha crecido mucho".

César Luis Menotti, julio de 2016.

"Me alegra que haya vuelto a dirigir porque se fue mal y no era un tipo para irse mal. Era un hombre que había hecho mucho para irse bien de la selección argentina, y cuando te vas mal, quedás herido para toda la vida. Es un buen técnico, yo hablé muchas veces con Bielsa".

Carlos Bilardo, noviembre de 2017.

CAPÍTULO 12

CHARLAS MAGISTRALES II

Valparaíso (Chile), 25 de agosto de 2009

LAS FACETAS DEL JUEGO

(Ante un auditorio juvenil, Bielsa explicita la progresiva sequía de la capacidad de los futbolistas mientras deconstruye el juego para mostrar cómo se analizan sus piezas, un paso obligatorio en el proceso de la enseñanza).

Tengo la certeza de que la mayoría de los futbolistas de la actualidad no están formados con la estructura de un programa y eso va en contra del desarrollo del talento. La formación silvestre, natural y espontánea es la mejor de todas, no tiene normas y los jóvenes la ejercen, la ejecutan y la concretan espontáneamente. Pero eso ha dejado de ser posible porque para eso hay que disponer de cuatro o cinco horas diarias libres, durante cinco a seis años, porque es así como se formaron tantos futbolistas naturalmente.

Hay continentes que siguen dando futbolistas porque se produce lo que hace falta: espacios, tiempo y amor por el juego. Si un joven tiene que asistir a clases de computación, inglés, idiomas, música, seguro que no puede jugar al fútbol. Si vive en una ciudad no va a encontrar el sitio para jugar durante todo ese tiempo aunque disponga de él, y entonces aquellos que tienen condiciones, amor por el juego —porque hace falta tenerlo para jugar al fútbol cinco horas todos los días— no tienen la posibilidad de hacerlo.

Si hay muchas más opciones, además de la pelota o el fútbol, seguramente voy a jugar menos, y una ley de la formación del futbolista es que hay que jugar mucho. Si uno no juega mucho, no desarrolla el talento y

tampoco reproduce las situaciones que hace falta aprender a resolver para jugar bien.

Porque jugar bien es saber resolver situaciones y uno aprende a resolverlas, como en todo proceso educativo, enfrentándolas. ¿Cómo las enfrenta el que se forma naturalmente? Juega cinco horas todos los días durante 10 años… y ahí encuentra soluciones a los problemas de la competencia.

Cuando todo eso no es posible, hay que armar un programa que articule y sintetice todo lo que una persona hace espontáneamente durante la formación natural.

CÓMO SE ENSEÑA A JUGAR

La primera pregunta es ¿qué hay que enseñar?, luego ¿con qué herramienta?, y después ¿con qué articulación? Como en cualquier proceso pedagógico, hay un programa, hay que saber qué enseñar, hay que editarlo en el tiempo, aprender esto, porque de otra forma no podemos aprender lo próximo.

Otro principio esencial de la pedagogía es la aplicación: el que está en quinto grado es porque en primero, segundo, tercero y cuarto hizo tal o cual cosa que lo autoriza a estar; el fútbol no desarrolló esa lógica porque no se vio obligado.

Pero hoy sí está obligado porque no se reproducen las situaciones que permitían la formación de futbolistas.

Para saber qué hay que enseñar, hay que saber qué contiene el juego.

Luego, hay que hacer ejercicios, que son simulacros de situaciones que representan las acciones del juego que uno quiere reproducir. El ejercicio tiene diferencias con el juego: es un segmento del juego, y con dificultad atenuada. Como en el juego la dificultad es alta, en el ejercicio puede decrecer la voluntad de enfrentarla durante el entrenamiento porque nadie hace durante mucho tiempo algo que nunca concreta.

Después, el ejercicio tiene que parecerse al juego. Si usted lo hace demasiado simple, no se parece y el futbolista no crece; si lo hace parecido al juego, el futbolista lo rechaza en formación porque nunca lo concreta, y al no concretarlo pierde el entusiasmo.

Desde que elegí esta profesión, lo que hago cada día lo conservo por escrito. Empecé a mirar para atrás y repasé todo lo que me había llamado la atención de este deporte en por lo menos 15 años, porque esto lo hice después de 10 años de ejercer. Empecé a anotar todo lo que a mí me pareció en algún momento que podía enseñarse. Ese es un recurso válido.

Uno tiene que enseñar pases, recepciones, desmarcaciones, asociaciones, gambeta, la recuperación de la pelota, centros, juego aéreo en ataque, juego aéreo defensivo, definición, trabajo de arquero, acciones del juego que se realizan para resolver las situaciones que se producen en un sector determinado del campo: eso es una segmentación del juego, el juego por los costados en ataque, el inicio del juego a la altura de la defensa, el juego central en ataque. Todos esos sectores del campo poseen reglas y hay que ir ejercitando a través de situaciones propuestas para enseñar a resolverlas.

EL JUEGO DEFENSIVO

Es el más fácil de desarrollar, pero exige coordinación.

Pasar, recepcionar, desmarcar, asociarse y gambetear son un eje de la creación; recuperar la pelota es el eje del juego defensivo.

El juego aéreo defensivo es un factor importantísimo y los centros a los costados son un arma muy importante del ataque.

La definición es el otro eje que consolida todo lo anterior y los arqueros tienen un rol vinculado con la definición porque se oponen a ella.

Las acciones del juego que se producen en un sector determinado del campo encuentran un correlato con las coordinaciones defensivas posicionales colectivas que armonizan el juego defensivo.

Esto que parece tan simple a mí me costó muchísimo poder redondearlo, porque la palabra escrita es muy difícil, cuando uno escribe tiene que encontrar la precisión porque el lector es mucho más pretencioso y exigente en la detección de los errores.

36 FORMAS DISTINTAS DE DAR UN PASE

Que desmarcar es necesario, es cierto. Nosotros estamos acostumbrados a decir: "Movete, no te quedes quieto, pedila"; pero eso no enseña a desmarcar. ¿Cómo se aprende a enseñar a desmarcar? Viendo cómo lo hacen quienes lo hacen bien, viéndolos muchas veces, sacando después la matriz, el eje, la huella que identifica los movimientos. Hay varias normas que hacen bien los que desmarcan, entonces hay que buscar un ejercicio que las represente y transferir el conocimiento.

La forma de comunicarse a través del pase tiene 36 formas distintas de hacerlo, que surgen de solamente decodificar el juego.

La pelota siempre informa al rival. Así, cuando hay presión del que marca, devuelvo la pelota y provoco un paso atrás de quien me quiso anticipar. Lo contraanticipo, y como él se desequilibra por quitarme la pelota, le busco la espalda.

Eliminar al rival a través de la asociación o del pase es el sustituto de la gambeta. Cuando uno no tiene talento, puede gambetear rivales a través del juego asociado.

LOS TIEMPOS DEL JUEGO

Es muy fácil decir: "(Juan Román) Riquelme maneja los tiempos de un equipo"; pero ¿cuáles son los tiempos, las normas, las leyes que se desprenden de quienes manejan los tiempos de los equipos? Los toques intermedios marcan la pausa. No es tocar y picar, no es sucesión de vértigo, hay una estación intermedia.

Debuté dirigiendo a Vélez con un partido de local contra Gimnasia y Esgrima de Jujuy, el segundo por la Copa Libertadores en San Pablo; lo perdimos 6-0. Después vi tantas veces el partido para entender por qué habíamos perdido de esa manera. De tanto verlo, empezaron a quedarme claros los gestos vinculados con la recuperación de la pelota y organicé, con el tiempo, algo que se llama rutina defensiva. Esa rutina defensiva tiene 17 estaciones.

La falta de regreso, al ser eliminado por el rival, es una cosa que el futbolista no tiene incorporado, y entonces hay que inculcársela. Si queda eliminado, debe tener un sostén atrás, pero también él tiene que convertirse en sostén.

Nosotros estamos acostumbrados a pedir ayuda, pero estamos menos acostumbrados a darla después de recibirla. Este gesto genera eso: saber que, después de eliminado, sigo vivo en el juego. No termina porque me eliminaron. Si me eliminan, giro, regreso y vuelvo a enfrentar. No se trata de correr de atrás. Si yo trato de quitarle la pelota de atrás, siempre es falta, y de amonestación.

La rutina defensiva es tal que, en 40 minutos, el jugador pasa por los 17 ejercicios y es como si fuera una gran charla técnico-defensiva, porque uno está transmitiendo en cada ejercicio el mensaje que inmuniza durante el juego las acciones que el rival intenta. Si el jugador defiende con estos criterios, defiende mejor, está mejor preparado para defender.

Por ejemplo, el uno contra dos. ¿Cómo marco a dos rivales? Los jugadores están acostumbrados a asumir una responsabilidad única: "Este es el mío, yo me encargo de él". Pero el otro es el que hace más daño. Es un acto de compañerismo y de valorar la necesidad colectiva por sobre la responsabilidad individual. No soy culpable, pero de esa manera protejo al equipo, los intereses de todos.

También en la recuperación hay mucho de convivencia, dónde se va forjando la identidad moral del grupo, su fortaleza anímica.

Los volantes de contención son como patrones de estancia, ellos interceptan, están siempre bien parados, son elegantes; pero si no lo hacen, no vuelven y el juego sigue. A veces no pueden ser patrones y tienen que ser obreros. Hay que enseñarles que, si no interceptan, el juego sigue a sus espaldas.

El equipo debe ser corto. Todos juntos, siempre les digo a los jugadores que hay que estar cerca del puesto, porque si uno está lejos, aunque tenga ganas, no llega. Por eso hay que estar cerca y dispuesto. Se necesitan ganas.

Para mantener la presión, es necesaria la sistematización

Hablamos de coordinación defensiva posicional colectiva: coordinación, porque articula movimientos de diez jugadores; defensiva, porque es referida a la recuperación de la pelota; posicional, porque enfoca todas las posiciones que el equipo contiene; y colectiva, porque participan los diez jugadores de campo.

EL JUGADOR RESPONDE AL ESTÍMULO

El fútbol, fundamentalmente, es un hecho activado por la emotividad. Todo esto es entrenamiento, pero no es necesario entrenarlo si los jugadores están entusiasmados. Como es fútbol profesional y hay tiempo disponible, el entrenador desarrolla, pero el entusiasmo sintetiza las enseñanzas.

El futbolista responde a un estímulo: hay que mostrarle la acción del juego, mal hecha y bien hecha, para que haga la transferencia al juego; si no, el entrenador termina tratándolo como a un autómata que recibe un mensaje y lo reproduce, pero sin saber lo que se persigue. Por eso, hay un entrenamiento teórico que no consume energía, descansando. Y también se entrenan repasando o revisando lo que sucede en la práctica.

Como es altísima competencia, no queremos consumir energía del futbolista en que experimente el error y la ejecución del ejercicio hasta hacerlo bien: necesitamos que lo haga bien al primer intento porque no queremos desgastarlo innecesariamente.

En formación, cuando está con chicos, tiene que dejar que los tips los elaboren ellos solos, equivocándose muchas veces hasta que el ejercicio salga bien, hasta que lo incorporen y lo vinculen.

Recomendaciones para que los ejercicios salgan bien a la primera ejecución:

- Todos los pases son a dos toques salvo la devolución de la pared.

- El comienzo de la presión debe ser simultáneo a la salida del pase desde el lado contrario, coincidiendo mi llegada junto con la de la pelota.

- La presión tiene que ser a máxima velocidad, sin detener la carrera, hasta llegar al hombre que se presiona.

- El giro de regreso debe ser hacia adentro, nunca darle la espalda al balón.

- El objetivo es evitar la pared: en caso de sufrirla, con mi regreso debo impedir el gol.

La pared en el fútbol es otra forma de eliminar rivales, pero que necesita de la "complicidad" del que defiende, porque es quien está más cerca de la pelota, pero no llega a interceptarla. En cambio, si gira y vuelve cuando la tiran, interrumpe la pared.

ONCE MANERAS DIFERENTES DE DEFINIR

La clasificación no es caprichosa: sale de goles que uno ve.

Cuando el jugador define en diagonal, siempre lo hace al primer palo arriba, o al segundo, nunca al primer palo abajo porque ese es gol de arquero. Entonces, hay que definir cruzado o arriba. Cuanto más cerca está el jugador del arco o del arquero, debe apuntarle a la cara interna de la red o a la unión del poste y el travesaño.

Cuando se produce el gol, los que miran empiezan a intentar reproducir el remate de quien convirtió.

Ese es otro fenómeno por el cual decrece en los países subdesarrollados la cantidad de futbolistas. El principio del aprendizaje es la imitación, la copia de lo que está bien hecho. Son pocos los que inventan, casi todos copiamos. Copiamos al ídolo, al que juega muy bien. Como se van prematuramente, la posibilidad de copiar se esfuma.

El remate de media distancia como forma de conseguir el gol: es importante que el pase que precede a la acción del remate sea hacia atrás.

En los remates de media distancia se recibe de un costado o del otro, corta o larga, o se recibe hacia atrás. La otra alternativa es rematar a la salida de la gambeta. Son todas opciones que tiene el remate de media distancia: recepción y remate o remate de primera.

EL NIVEL DE LA COMPETENCIA

El programa (de enseñanza) se debe hacer sobre las acciones reales del juego, con la totalidad que uno contemple, con ejercitaciones y recursos didácticos que vuelvan efectivos tales ejercicios.

La mecanización conspira contra el juego real. Tiene una crítica pedagógica, pero brinda un recurso alternativo que elude la crítica.

Un aspecto fundamental en la formación del futbolista es el nivel de la competencia. Ayuda al desarrollo del jugador: mejora muchísimo cuanto más nivel tenga la competencia —ganar por poco o perder por poco— con buenos pisos, buenos elementos, nobleza en la competencia.

Es importante el desarrollo de la capacidad de antagonismo: me duele perder, sufro si pierdo, articulo mi emotividad al servicio de potenciar mis virtudes y así evitar perder… o para ganar.

CAPÍTULO 13

ENTRENADOR NACIONAL

> *"La primera imagen que tengo en el vestuario después del partido con Suecia es ver a Bielsa destruido. Lo vi llorando desconsolado y nunca había visto a un técnico llorar. Y ahí nos aflojó a todos porque fue un tipo que, a la larga, se hizo querer".*
>
> **Roberto Bonano.**

(Asumió en 1998 la conducción del seleccionado dispuesto a defender los principios que lo habían depositado allí, pero se vio envuelto en una vorágine de enfrentamientos con gente a la que no estaba dispuesto a entender, fuera público, medios o dirigentes. Su equipo —entendido como síntesis de sus ideas— maduró demasiado rápido de cara al Mundial 2002, lo que consideró un fracaso propio. Cuando parecía había encontrado, en la Copa América del 2004, la mejor expresión, la más cadenciosa y menos mecanizada del seleccionado incluso a criterio de sus más agudos críticos, esa nueva amargura lo convenció íntimamente de que no valía la pena sufrir tanto: acaso estaba seguro de que solo el título lo habría salvado del escarnio y la excusa de la energía maquilló esa sensación ominosa).

Mi designación tiene muchísimo de casual, quiere decir que ostento un cargo para el que no he hecho demasiado. La imagen que produce el cargo es diferente de los merecimientos que yo tengo para poder acceder a él. Siempre estará el riesgo de que mi respuesta pueda ser interpretada como un signo de humildad intencionada o falsa modestia, pero sinceramente las cosas en el fútbol, a diferencia de otras actividades profesionales donde hay una secuencia más previsible, encierran mucho de casual. Y la suerte a mí me ayudó.

Al ser designado, octubre de 1998.

Tengo una atracción exagerada por la victoria y me doy cuenta de que el camino que más me acerca a ella es el protagonismo. Jamás pensaría un partido sin jugar en el campo rival.

Hoenderloo, Holanda, marzo de 1999.

La gente tiene una vinculación con el triunfo muy marcada. Reclama estilo, pero también que ese estilo le permita el triunfo. Antes el recorrido era más reconocido que la consecuencia final. Ahora, si no hay éxitos, aun si los caminos han sido agradables, el público no es tolerante.

Ezeiza, septiembre de 1999.

Comprendo que hay muy poca tolerancia y poca disposición a explicar una derrota, pero es la obligación. Fue un partido que tiene muchos matices de análisis.

Ciudad del Este, 11 de julio de 1999, tras la eliminación en la Copa América.

Nuestro proceso está lleno de desniveles, pero siempre lo hicimos con esfuerzo y grandeza, con un proyecto noble que intenta reflejar el sentimiento del fútbol argentino. Muchos piensan que la Argentina es un equipo mecanizado y temeroso, algo que no es cierto. Para que el éxito suceda, a veces hace falta un apoyo anterior al éxito. Quiero que se le reconozcan a este equipo los lineamientos que mostró en sus actuaciones y que respeta la historia del fútbol argentino.

Ezeiza, septiembre de 1999.

La Argentina es el mejor equipo de las eliminatorias.

Ezeiza, junio de 2000.

Aporté 3 o 4 ideas como trazos gruesos para armonizar el funcionamiento, pero siempre he creído que el fútbol lo resuelven los jugadores. El seleccionado está en manos de los jugadores y no necesita demasiada asistencia.

Antes de enfrentar a Bolivia en eliminatorias, junio de 2000.

El rasgo principal de la Argentina es la aceleración y no la pausa. Se tiende a exigir lo que falta; tenemos velocidad y se reclama pausa, pero si esa fuera la característica del equipo, estoy seguro de que nos pedirían cambio de ritmo.

Tras ganar cuatro partidos consecutivos en eliminatorias, julio de 2000.

Desde que asumí en el seleccionado crecí en tolerancia, porque la intolerancia es incompatible con la función de entrenador.

Ezeiza, septiembre de 2000.

Nos cuesta jugar bien, solo lo hemos logrado alternadamente. Durante este año los números del seleccionado fueron buenos y las producciones inestables, a veces bien y a veces mal. En general, creo que tuvimos una actuación regular si se hace un promedio de los partidos.

Ezeiza, diciembre de 2000.

No renunciaremos al protagonismo, pero vamos a ir regulando. De todos modos, siempre son los jugadores quienes cuentan con la llave para resolver estas situaciones.

Antes de clasificarse al Mundial con cuatro partidos de anticipación, agosto de 2001.

Nunca sentí que el público impulsara al equipo como hoy durante el partido. No lo dejó caer nunca. Jamás habíamos tenido tanto apoyo, tan significativo y duradero, porque fue durante todo el encuentro. Y estoy convencido de que los jugadores sintieron ese aliento como combustible.

Tras vencer a Brasil en el Monumental, septiembre de 2001.

Me pareció una actuación para entender que jugamos mejor de lo que se interpreta.

Tras un triunfo sobre Perú, noviembre de 2001.

”

El partido fue absolutamente intenso; hicimos lo posible por ganarlo. Tal vez el cierre fue neutro, pero no me parece una actitud reprochable.

Montevideo, noviembre de 2001, tras un sospechado empate con Uruguay.

Un Mundial representa un suficiente impulso, con independencia del rival que toque. El grupo que nos tocó estimula lo competitivo. En lo personal, prefiero adversarios que nos ataquen, que quieran compartir la iniciativa de juego con nosotros, en vez que nos la cedan, porque en la presunción de ataque existe la posibilidad de que se desprotejan defensivamente. El análisis que hago es optimista.

Ezeiza, diciembre de 2001, tras el sorteo del Mundial.

¡Se nos lesionó el capitán! ¡Tenemos que superar esta adversidad y salir a ganar! ¡Por nuestro capitán, carajo! ¡Y por todo el esfuerzo que hicieron en sus vidas! Piensen en cuando eran pibes y soñaban con ser futbolistas… Ahora tenemos que entrar ahí y ser protagonistas. Podemos darle una alegría grande a toda la gente que nos está mirando desde la Argentina y no la está pasando bien. ¡Vamos con todo!.

Charla previa al debut con Nigeria, 2 de junio de 2002.

El nivel de Argentina me pareció bueno y el aporte de las individualidades también. Estamos satisfechos porque dejamos atrás el debut. Ganar siempre aporta paz.

Tras la victoria sobre Nigeria.

En un Mundial hay dificultades para todos y no es sencillo imponer el juego creativo. Estábamos en condiciones de empatar e hicimos lo suficiente para conseguir el resultado. En el segundo tiempo, luego de los diez minutos iniciales en los que tuvimos alguna inestabilidad, logramos situaciones que autorizan a pensar que debimos haber empatado. En ese lapso dominamos el juego, pero no nos alcanzó. La perspectiva inmediata es un partido por la clasificación, que nos va a obligar a enfocar ese compromiso de inmediato e ir distanciándonos de la tristeza que genera una derrota.

Sapporo, 6 de junio de 2002, tras la caída ante Inglaterra.

La actitud de Argentina tiene grandeza. Podríamos jugar quedándonos en nuestro campo y tirando la pelota por lo alto al campo rival. El rival puede hacer lo mismo. Ahí estaríamos evaluando la falta de grandeza del equipo argentino, la falta de estar a la altura de la historia del fútbol argentino y la falta

*de coraje para enfrentar el fútbol. Este es el partido
más importante desde que yo conduzco al grupo.*

**Miyagi, 9 de junio de 2002, antes del partido decisivo
ante Suecia.**

---

*Argentina tuvo como 20 oportunidades de gol y la
pelota no quiso entrar. Los jugadores respondieron
a todo lo pedido. Abrieron la cancha, se prodigaron,
tiraron centros, se fueron al ataque, pero no pudo
ser. Cuando la pelota no entra, no entra. Diría que
merecimos ganar el partido. Fue evidente. La respuesta sobre qué le faltó al equipo es clarísima. Si
uno tiene veinte situaciones de gol, entonces lo que
le faltó es convertir. El fútbol tiene estas páginas
tristes y es desobediente con los merecimientos.*

Miyagi, 10 de junio de 2002, tras la eliminación.

---

*En el grupo hubo una comunión absoluta y no hay
reproches para nadie. Lo que pasa es que en Argentina se busca en los fracasos a un responsable y
cuando hay un éxito, entonces es de todos. Siempre
supe que esas eran las reglas del juego y que las
cosas son así. Por eso, si hay que buscar un responsable de este fracaso, ese soy yo. Ha sido un fracaso
porque estábamos con chances de lograr más de lo
obtenido (...).*

*"En el único momento del Mundial en que nos supe-
raron fue en los primeros 10 minutos del segundo
tiempo con Inglaterra. Todo lo demás fue dominio
nuestro (...).*

Si tengo que ponerle un rótulo a la actuación fue un fracaso. Si realmente quieren hacer un análisis más serio, hay que revisar otros tres puntos. El primero es el de la discusión por el estilo, el mismo que tuvimos en los 40 partidos anteriores con éxito. Lo reprochable no hubiese sido mantener la conducta de seguir con ese estilo, sino traicionarlo. El segundo punto es la producción, y estoy conforme con lo que hizo este equipo. Y el tercer punto es la contundencia: ese es el reprochable (…).

Tuvimos una preparación previa muy moderada, en la que no pudimos acentuar la exigencia en función de que había terminado la temporada. Teníamos jugadores agotados, producto de una temporada larga, y otros que volvían de lesiones. Por eso la preparación no fue exigente. Si se repitiera la situación, correría el riesgo de resignar moderación en la preparación y acceder a la mejor versión de manera más rápida, aun a costa de que eso excluyera a algún jugador por sobreexigirlo (…).

A Verón lo saqué varias veces, pero no porque no me haya conformado, sino porque en esos momentos pensé que Aimar era una mejor opción.

Ezeiza, 16 de junio de 2002, al regresar de Japón.

Si tuviera que decir algo que sea sincero, o que sea cierto, la mejor versión del equipo —que fue la hora inicial contra Suecia— debería haberla obtenido antes del último partido. Me responsabilizo con la ob-

tención de una puesta a punto tardía. Debí haberle encontrado antes a Aimar un espacio en el equipo. El equipo debió haber jugado antes con la frescura que jugó contra Suecia y no lo hizo. Me parece que autocrítica más grande que esa, que un entrenador diga: "Yo no logré que el equipo tuviera su mejor versión en el momento oportuno"; es imposible (...).

El rendimiento físico del equipo fue satisfactorio. Ninguno de los tres rivales nos superó en ese aspecto. La preparación no fue exigente, fue muy moderada. Las dificultades previas las tuvieron todos los equipos. No es extraño que haya sido un Mundial tan opaco. Lo único que cambiaría es acelerar los riesgos de puesta a punto de un jugador, que no está al ciento por ciento de sus condiciones físicas, para que llegue en forma ideal o bien para que quede en el camino (...).

No pedí que me renovaran el contrato. Pero ha sido el mayor éxito de mi carrera porque es un reconocimiento en el fracaso. Disculpen la vanidad. Tuve algunos episodios significativos como entrenador, pero esto supera a cualquiera (...).

Este período será mucho más difícil que el anterior. En la elección no hay pasado inmediato. Cada partido es una cuestión en sí misma. Todo es demasiado definitivo y, encima, potenciado por esta decepción colectiva que significó el Mundial. Entonces, esa sensación de desprotección yo la tengo. A partir de una derrota de este tipo uno se siente sospechado por todo el mundo.

Ezeiza, agosto de 2002, al renovar su vínculo con la selección.

Solo es valorado el que se consagra campeón del mundo. No importa cómo. Por eso ojalá pueda ser campeón del mundo, ya no para recibir la bendición popular, sino para no ganarme el odio. No digo que esté bien o mal. Simplemente lo describo.

Buenos Aires, mayo de 2004.

No lloré, pero lo viví con mucha felicidad. Haber salido campeón en los Juegos Olímpicos es un logro de muchísima dimensión que ha fortalecido al grupo. Es un éxito muy importante, pero no podemos trasladarlo automáticamente al Mundial de Alemania. Habrá que esperar un poco,

Quiero recordar a los jugadores del Mundial de 2002. Siento una gran sensación de injusticia por el trato que recibió aquel equipo. Fue un gran conjunto, que obtuvo menos de lo que mereció. Sé que es difícil, pero ojalá que ellos sientan que este buen momento también les pertenece. En lo personal, si me preguntan por el futuro, el éxito no inmuniza, porque la secuencia de la competencia deja rápidamente atrás lo que sucede y se enfoca en lo que viene, pero claro que tampoco se puede negar su repercusión.

Atenas, 29 de agosto de 2004.

He renunciado a continuar siendo el entrenador de la selección. Los motivos son muy simples, muy sencillos. Noté que la energía que exige absorber todas las tareas que implica ser entrenador ya no la tenía. Comencé a madurar la decisión al regreso de Lima del último partido de la selección, la revisé, verifiqué lo que sentía, se lo expresé a los responsables de la AFA y me desligué.

Mi entrega no era proporcional a lo que había sido siempre. Ese impulso ya no lo tenía y cuando eso pasa no es decente insistir.

El momento me parece el apropiado. Se ha consolidado una variación en el plantel, se han reunido dos generaciones de jugadores de manera armónica, es más fácil que hace dos años recitar los tres jugadores por puesto que tiene la selección. Haberlo hecho antes de los Juegos Olímpicos hubiera sido irresponsable y creo que las eliminatorias están encarriladas. Creo que mi decisión no interrumpe el camino de la selección, no genera un problema. Muy probablemente la decisión hubiera sido otra si no estábamos bien en las eliminatorias.

Fui muy feliz. Competí, nos fue bien, nos fue mal... Siempre traté de interpretar el gusto del hincha argentino, lo que no siempre logramos. La Argentina es un grande a nivel mundial y es un lugar que a nadie le gusta abandonar. Pero yo perdí eso que en su momento tuve. No vinculo mi decisión con el éxito y el fracaso en mi tarea. Ganar o perder no tiene nada que ver con mi decisión; por otra parte, ya sabemos lo que dura el éxito en la Argentina, solo diez minutos.

¿Qué más quiere que diga? Si necesita un título, ponga así: "Grave enfermedad le quita energías al técnico de la selección". Con esa frase, yo compraría seguro el diario.

Ezeiza, 14 de septiembre de 2004.

CAPÍTULO 14
LA POLÉMICA CRESPO-BATISTUTA

> *"Lo quiero mucho porque fue determinante en mi formación, pero debo reconocer que cometió un severo error en el 2002 de Corea-Japón, realizó un cambio, me sacó a mí e ingresó Hernán Crespo, porque para Bielsa no podíamos jugar juntos. Una falla técnica enorme porque Hernán jugaba distinto que yo y nos complementamos muy bien".*
>
> **Gabriel Batistuta, Reconquista, noviembre de 2017.**

(Fue debate de alcance nacional, pero también un símbolo de cómo Bielsa piensa el fútbol. La marea de reclamos jamás lo ahogó porque su decisión fue posicional. Sacar provecho con la variante no debe haber entrado en su consideración: siempre tuvo claro que solo lo ponía en desventaja. Detrás había un principio, antes que un capricho, pero no siempre se entendió. Aunque los jugadores entendían que podían complementarse, prevaleció el esquema. Intentó otras explicaciones, ya después del Mundial, pero tras el fracaso —Bielsa dixit— y la renuncia de Batistuta a la selección, la discusión solo poseía un mero sentido teórico).

Cuando el gol no llega, la sensación que tengo no es que hay que poblar más el área, sino que hay que manejar más la elaboración para que la pelota llegue al área. Siempre que un equipo al que dirijo le falta gol sitúo más la observación en cómo se elabora la pelota previa a la definición. Esa es mi inclinación. Pero no descarto que a veces el problema está en que haya más presencia en el centro del área. Si fuera así, lo más aconsejable es darle al equipo dos presencias centrales en el área.

Ezeiza, 1999.

Es un lujo tener a Batistuta y a Crespo en la selección.

Ezeiza, julio de 2000.

Ambos son jugadores muy destacados desde hace muchos años, y que por lo menos desde hace cuatro años conviven en la selección. Sin embargo, no han jugado juntos. No me parece bien decir: "Yo no voy a hacer esto", ni digo que sea posible o imposible. Lo que digo es que habría que articularlo y que, para que jueguen juntos, habría que renunciar a un wing o al volante creativo y esa es una idea que no me atrae. Es mi predilección, pero en un entrenador la predilección es significativa. Yo prefiero jugar con un centrodelantero y no sacrificar a un wing. Momentáneamente yo elijo por este estilo, sin creer que es el mejor, pero es el que, desde mi punto de vista, permite la convivencia de la mayor cantidad de jugadores que, para mí, tienen que estar en el equipo. Pero sin tiempo para armonizar la convivencia de los dos jugadores con el resto de la estructura, la posibilidad se hace más difícil.

Ezeiza, 2000.

Enfoqué el problema desde los dos puntos de vista: si había que acentuar la presencia desde el centro (con los dos juntos en el campo) o apostar a que la elaboración fuera pulida. Consideré que esto último era más importante, porque sin ella la presencia no es utilizable. Tuvimos una elaboración muy superior a la del partido con Inglaterra y también presencia, las situaciones de gol fueron más en cantidad y evidentes.

Miyagi, al cabo del empate con Suecia, junio de 2002.

No consideré una opción válida poner juntos a Batistuta y Crespo, aunque eso no quiere decir que no lo sea. De hecho, cuando faltaban 30 minutos para terminar el partido con Suecia, barajé la posibilidad de que compartieran el ataque, pero finalmente elegí no hacerlo. Argentina estaba generando suficientes opciones de gol con un centroatacante y no le faltaba sino concretarlas.

Ezeiza, junio de 2002.

Si no puse a Batistuta y Crespo juntos no fue por omnipotencia. Cuando estuvimos en Italia jugaron ambos porque tenía diez jugadores y los pude observar. Si tomé la decisión de no ponerlos, no fue porque no lo contemplé. Admito que pude haberme equivocado, pero elegí por mi predilección y por mi gusto futbolístico.

Ezeiza, agosto de 2002.

Respaldé a Crespo como el centrodelantero titular de Argentina. Y lo sigo sosteniendo. No hubo ni una pelea ni una discusión. Si no está acá, simplemente es porque evalué circunstancias que determinaron su no participación, las cuales prefiero no revelar.

Ezeiza, junio de 2004, antes de la Copa América.

Grave error que yo cometí, debe ser uno de los errores que no me perdono. Me tocó dirigir a un gran centroatacante, que fue Crespo. Un jugador muy, muy generoso. Me tocó dirigirlo en dos momentos: cuando él estaba madurando y, en un segundo momento, cuando él ya había madurado. Cuando él estaba madurando, una vez le dije que lo consideraba un jugador maduro, pero le estaba mintiendo: trataba de fortalecer su autoestima, asignándole una cualidad que no pensaba que él tuviera. Cuando pasó el tiempo y él maduró verdaderamente, yo le dije: 'Qué madurez actual la tuya, no sos el mismo que eras antes'. Él reaccionó: '¿Cómo? Si usted me había dicho antes que yo estaba consolidado. Entonces, usted me engañó. Usted antes me dijo que yo era sólido y usted no pensaba que yo era sólido'. No me lo perdonó nunca eso. Y con mucha razón. Sé que lo defraudé con ese comportamiento (…). El error que cometí con Crespo para captarlo fue decirle que él era definitivamente así y en realidad yo no estaba pensando eso. Porque recién más adelante él fue como le dije antes que era.

Leeds, 23 de agosto de 2018.

"Fue una tremenda decepción sentirme engañado por un líder como usted. La tristeza fue tan grande como la estima que yo le tenía. Como nos dijo tantas veces, "Marcelo, hay que manejarse con la verdad, sin engañar al otro". "Por supuesto, Marcelo, acepto sus disculpas". Ya lo perdoné hace tiempo, si es que debía perdonarlo. Usted era y es lo suficientemente inteligente como para saber que un jugador no mejora su nivel por una mentira. Si pasara, ese futbolista sería más tonto que inmaduro (…)".

"En 1999 me dio su palabra de lealtad profesional. Es famoso el que está mejor juega, y después las cosas no se concretaron. Entendía que, en por lo menos uno de los tres partidos del Mundial 2002, debí ser titular. Para 2004, la convivencia era imposible. Hubiera preferido un llamado o un café (…)".

"La importancia de la situación merecía otro contexto, pero lo hizo así y ya está. Hubiera preferido un llamado o un café. Yo no voy a juzgar su actitud, él tendrá motivos para hacerlo, pero el contexto no era el indicado (…)".

"Hay una autocrítica, pero no tan profunda. Como dije en su momento, la relación desde que nos conocimos, desde "el inmaduro al maduro", desde el 99 cuando me vino a ver a Parma hasta el 2004, no fue una única frase. No fue una única frase el problema, la profundidad es otra. Hay que entrar en detalles, pero son potentes y no está bueno. Después del Mundial 2002 las cosas siguieron. Si estas palabras Bielsa las hubiera dicho un mes después, yo quizá seguía en la selección en 2004. La convivencia era imposible y se lo hice saber en el predio de Ezeiza. Yo ya había tomado la decisión de que todo era tan importante y tan difícil de soportar que decidí dejar de defender los colores de la selección".

Hernán Crespo, 24 de agosto de 2018, Roma.

"Tenía su idea y murió con ella. No había ninguna pica con Hernán, nos llevábamos muy bien. Él venía de ser goleador en Lazio, yo había sido campeón con Roma. No había otros goleadores como nosotros dos en ese momento. Nos dolió. A él (Crespo) le dolió más porque me tocó jugar a mí y él se quedó con más bronca. Pero yo tengo la misma bronca".

Batistuta, Buenos Aires, diciembre de 2019.

"Bielsa no nos quiso juntar nunca, no lo quiso hacer, nunca lo intentó. Al llegar Marcelo a la selección, era tan fuerte lo que estaba haciendo que el que jugaba era yo. Hubo un tiempo en el que me llamaba a mí y a él no lo convocaba, salvo cuando yo estaba lesionado y ahí jugaba Batistuta. Fui titular hasta el último entrenamiento, luego llega el primer partido del mundo contra Nigeria y lo puso a él".

Crespo, Madrid, abril de 2020.

CAPÍTULO 15

EL COLOR DEL DINERO

> *"Bielsa era mucho más profesional. A mí me gusta, no ser amigo del futbolista, pero sí saber qué le pasa y qué siente. No recuerdo a Marcelo teniendo un vínculo afectivo. Él era mucho más profesional. Es una forma de gestionar y creo que hay otras que son muy válidas".*
>
> **Marcelo Gallardo, abril de 2019.**

(En la noción de profesionalismo anida cierta perversión, según Bielsa. La competencia, como método de selección, supone, según su criterio, un rasgo de debilidad, una grieta. En su visión es importante el espíritu *amateur*, imprescindible para conseguir el logro —que es la felicidad, no el éxito ni el dinero—, que se abroquela en torno al punto más débil de un equipo para fortificarse y desde ahí volverse invencible. El dinero nunca puede ser eje de la motivación: no sirve para comprar lo más preciado. Y cuánto más *amateur* sea el profesional, mucho mejor).

Estoy absolutamente convencido de que la fama y el dinero son valores intrascendentes. Pasa que nos los describen con un peso tan significativo que parecería imposible resistirse a valorarlos. Creo que el espíritu amateur, y el amor hacia la tarea, es lo único que vuelve satisfactorio el tránsito por el trabajo; cuando observo de qué manera son descriptos hacia el público las celebridades, los ídolos, lamento muchísimo que se jerarquicen esos tipos de cosas, que se los describan millonarios, que se los describan famosos, que se los describan extraídos de la realidad social, fuera del contacto con la gente común. Sí, estoy convencido de una cosa: fui feliz cuando disfruté del amateurismo, fui feliz cuando crecí enamorado de mi trabajo. Tengo un profundo amor por el fútbol, por el juego, por la esquina, por el baldío, por el picado, por la pelota. Y desprecio todo lo añadido, todo lo que le fueron agregando para convertirlo extrañamente en deseado. Para explicar un poquito mejor esto, sé que la alegría de un triunfo en un partido dura cinco minutos, termina el partido y hay una sensación de efervescencia, una sensación de la adrenalina al tope que genera excitación y felicidad. Pero son apenas cinco minutos y después hay un vacío enorme y grandísimo. Y una soledad indescriptible.

Rosario, 2000.

Los que estamos adentro de esto, especialmente el futbolista, estamos cada vez más acorralados por las cifras que ganamos y las obligaciones

*que generan esas cifras. La ropa deportiva,
la TV, los medios, se ha vuelto una cosa muy
difícil de manejar. Uno sufre las consecuencias y
disfruta a la vez de esta situación.*

Liniers, enero de 1997.

*¡Cómo vamos a discutir en el fútbol profesional si
ser convocado y pertenecer significa participar!
Es tener la alternativa, pero nunca puede ser
una seguridad. El mismo derecho (que Calderón)
tendrían Berizzo, Husain, Aimar… Las reglas del
juego no son muy novedosas, esto es antiquísimo.
Si los veintidós jugadores reclamaran participación
sería imposible. Me pude equivocar, pero eso no
autoriza ningún reclamo, porque una ley elemental
de convivencia entre profesionales es no reclamar
las decisiones de los otros, como yo no reclamo
públicamente las actuaciones de los demás.*

Ezeiza, julio de 1999.

*Si te dedicás a jugar, el fútbol te va a dar dinero;
si te dedicás a ganar dinero, no te va a dejar
jugar (…).*

*Pagarle más al jugador en busca de que rinda
más es una forma de pervertirlo.*

Bilbao, 2011.

La alta competencia es para un núcleo selecto, no para los que solo tengan ganas de participar de ella. En las prácticas le lanzamos 220 centros a un jugador; si se abstiene de picar a una de las 220, lo corrijo. Una oportunidad es el gol y en ese gol nos quitó el triunfo y la gloria, que para mí es mucho más movilizadora que el dinero.

Bilbao, marzo de 2012.

Gano cifras que son obscenas. Pero lo que vincula a un profesional con este club no son ni las cifras ni las perspectivas. Aunque suene soberbio, yo puedo ganar mucho más dinero en otros lugares. Y para los éxitos deportivos, aunque vuelva a sonar soberbio, puedo optar por sitios que dan más garantías de obtener éxitos deportivos. Pero no son esas las cosas que a mí me vinculan con el fútbol: ni el dinero ni el éxito deportivo. A mí me interesan mucho más las emociones que produce pelear un título muy difícil de conseguir en un club como este, que ganar títulos en clubes mucho más poderosos.

Bilbao, mayo de 2013.

Siempre llevo conmigo una foto de unos chicos africanos que están jugando en una mesa hecha de barro, donde la bola está hecha y donde los palos son varillas afinadas. Eso lo tengo porque, cada vez que me toca dar una charla, los que escuchan inmediatamente me dicen: "Los planes que usted propone no los puedo desarrollar por ausencia de recursos". Inmediatamente saco la foto. Considero que todo se puede hacer proporcionadamente.

Bilbao, mayo de 2013.

Mendy sabe que va a ser un gran jugador. Sabe que va a ser estrella. Lo que no sabe es lo que sí sabe Morel: si Mendy incorpora eso va a ser uno de los mejores marcadores de punta del mundo. Pero no hay ninguna seguridad de que lo vaya a ser. Ninguna seguridad ¿Creen que les estoy haciendo una broma?

Si querés ser uno de los mejores marcadores de punta del mundo, hablá con Morel y hablá con Rod Fanni. No, vos te reís, pero yo sería el tipo más feliz del mundo si vos sos el mejor marcador de punta del mundo. No soy un tarado que lo digo por demagogia. Sé lo que te digo.

Ser el mejor te quita felicidad, horas con tu mujer, con tus amigos, te quita fiestas, diversión. Ustedes tienen un problema muy, muy grande. Tienen dinero, pero no tienen tiempo para disfrutar de ese dinero. Lo que el dinero te da en términos de felicidad. Eso yo ya lo sé porque lo he visto infinidad de veces. Ustedes quisieran comprar el tiempo. Pagarían por poder hacer eso, como pagaría cualquier persona. Entonces, el éxito te quita la

posibilidad de ser feliz. También es una elección que él (Mendy), que tiene 20 años, lo sepa. Si vos elegís que no querés ser el mejor del mundo, ¿qué problema hay? Ninguno. Eso hay que saberlo.

Marsella, diciembre de 2014.

Cuando uno se profesionaliza, se barniza de manera que las emociones no lo invadan, porque necesita la frialdad y el cálculo para tomar decisiones. Los procedimientos para mejorar el rendimiento de un futbolista se extendieron de manera proporcionada en casi todos los lugares del mundo. El futbolista sudamericano todavía tiene una ventaja y una desventaja respecto al europeo. El europeo está dispuesto al juego colectivo y a la integración con sus compañeros de equipo para superar al rival, los sudamericanos conservan la capacidad de emocionarse. El gran cambio que se va a producir en el fútbol es el desarrollo de la parte amateur del fútbol. La profesionalización del jugador llegó al tope. Pero el jugador profesional, para ser buen jugador, tiene que tener una gran dosis de amateurismo. Sufrir por perder, tener amor propio frente al error. Vuelco los esfuerzos que hago como entrenador en que sean adaptables a las necesidades colectivas del grupo. El secreto está en conservar la emoción como potencializadora de virtudes.

Río de Janeiro, mayo de 2017.

Si los jugadores tienen la responsabilidad de emocionar a los demás, entonces deben sentir emociones fuertes primero. Es una paradoja, pero así es: para ser excelentes profesionales deben vivir con espíritu de aficionados, deben saber emocionarse de nuevo.

Si uno no es muy amateur, no es un buen profesional. El elemento básico para que un grupo humano multiplique sus posibilidades, es defender al más débil del equipo. ¿Por qué? Si un grupo siente que hay que defender prioritariamente al más débil, porque el resto se defiende solo, la construcción de ese sentimiento, aplicada luego a un partido de fútbol, pone a un grupo de seres humanos en su mayor grado agonístico colectivo.

Generar el cuidado del más débil se convierte, entre comillas, en una estrategia. Es muy feo admitir eso, ¿no? ¿Cómo se logra esa genuina inclinación a proteger al más débil? A los futbolistas, la sociedad les dice lo contrario. Les dice que el más débil molesta. El proceso educativo para que entendamos lo contrario es muy difícil. Se habla tanto del rechazo a los extranjeros, a quienes tienen un color diferente de piel, pero lo que en realidad molesta es la pobreza. Porque si el extranjero es turista o tiene petrodólares no hay ningún problema de diferencia. En los equipos de fútbol pasa exactamente lo mismo: el débil está al servicio de asumir la culpa, de ser el estigmatizado.

El equipo de fútbol es una sociedad en pequeño donde la norma es dar y recibir. Funciona de ese modo: hay que dar y hay que recibir. Y el carenciado no puede dar, entonces se lo

desplaza, se lo posterga. Si se entiende qué es lo verdaderamente justo, quién es el mejor, justicia no es distribuir a todos por igual, sino en función de las necesidades. El mejor es el que llega más alto con independencia de considerar de dónde partió cada uno de los que están comparándose. Con algo muy perverso: el mejor es el que tiene más derecho y menos obligaciones. El más vanidoso no logra entender que la genética y la pasión para el desarrollo de su genética la heredó sin merecerlo, sin hacer nada para que le ocurriera.

Un jugador de fútbol es exactamente eso: una gran carga genética positiva y una gran pasión que le permite el desarrollo, jugar mucho para que la genética prospere. El futbolista cree —o le hacemos creer, o no le indicamos— que eso, no hizo nada por eso. Me parece justo que el mejor sea el que más honorarios perciba. Pero que le demos más privilegios en lugar de aumentarle las obligaciones... si ese proceso no se desarticula, provoca un gran individualismo. Si bien que un grupo esté unido no significa que va a triunfar, lo que es seguro es que, si está desunido es imposible que triunfe.

El combustible que orienta el comportamiento de una persona que elige por el más débil en lugar de por sí mismo vuelve, en el plano emocional, invencible a un grupo. No es un juego perverso para poner en evidencia la debilidad, los jugadores no son educados para ser mejores, sino para ser individualistas y todo apunta hacia allí.

Perugia, mayo de 2017.

El profesionalismo exige un gran componente amateur, *que es lo contrario de profesional, pero* el amateur *lo hace por amor, por vocación, por pasión. Cuanto más componente* amateur *tenga, mejor resulta el futbolista profesional, porque rescata los valores que, en la niñez o en la formación, le permitieron llegar a ser eso.*

Leeds, septiembre de 2019.

CAPÍTULO 16

HINCHA: ESTADO PASIONAL DEL ESPECTADOR

> *"Bielsa les contagió su pasión a los jugadores, que dejan todo en la cancha como nos gusta a los hinchas. Los sentimos como hermanos. Somos una gran familia".*
>
> **Gary Sleat, hincha del Leeds United, junio de 2021.**

(Fue futbolista y es entrenador, pero, por sobre todas las cosas, Bielsa es hincha. Si su entrañable vínculo con Newell's lo vive con mayor o menor grado de fervor, le resulta sagrado respetar el poderosísimo vínculo trazado entre el fútbol y aquellos que hacen girar sus vidas en torno al juego sin recibir más recompensa a cambio que un eventual triunfo. Es una obligación imperiosa recordárselo a sus futbolistas en cada circunstancia: el respeto por el hincha es condición previa y necesaria).

Lo único insustituible en el fútbol son los hinchas, que no es lo mismo que ser espectador. El espectador tienen una relación de placer visual con el juego, el hincha lo que pasa en la cancha le repercute en el cuerpo.

Río de Janeiro, mayo de 2017.

El fútbol sin el público, que es el destinatario principal, no es el mismo. Dentro del público, los que asisten al partido son una especial categoría en el sentido que garantiza una vinculación afectiva con lo que están viendo. No es lo mismo el espectador que ve el partido valorando la estética de lo que se produce que el hincha que lo ve y sufre por el resultado. Ese segmento de público de fútbol es insustituible. Uno puede encontrar en cualquier lugar del mundo gente que quiera ver un partido de Premier League, pero no hay 5 millones de personas que sufren porque Leeds pierde o se alegran exageradamente porque gana. El corazón del fútbol son las 50 mil, 500 mil, la cantidad de aficionados genuinos de Leeds, ese es el corazón del fútbol. Los espectadores del mundo son el sustento del negocio, pero los que quieren, lloran, sufren o se alegran exageradamente por el triunfo de su equipo, esos son los que permiten que el fútbol sea lo que es.

Leeds, agosto de 2021.

El público se maneja por los éxitos. Si nos va bien, los habremos convencido, y si nos va mal, no. Seguramente cuando termine el trabajo ellos sacarán sus conclusiones. Mi trabajo no depende de lo que manifiesten los hinchas.

Liniers, mayo de 1998.

La gente tiene una vinculación con el triunfo muy marcada. Reclama estilo, pero también que ese estilo le permita el triunfo. Antes el recorrido era más reconocido que la consecuencia final. Ahora, si no hay éxitos, aun si los caminos han sido agradables, el público no es tolerante.

Ezeiza, junio de 1999.

En Argentina, lo que le pasa al equipo incide mucho en la vida del hincha. Si el cuadro gana, el hincha se euforiza en su vida personal. Si el equipo pierde, se deprime proporcionalmente, afectando todas sus actividades. Entonces, eso hace que perder o ganar sea muy importante y esa presión se acumula finalmente encima del entrenador. Cuando vivís presionado por esa vorágine resulta que vos, como técnico, terminás pagándolo con algún desequilibrio en tu vida personal.

Rosario, 1992.

Es una sensación muy linda cuando el fútbol provoca emoción en la gente, sobre todo de modo colectivo y en forma cristalina y sana. Es una de las mejores cosas que ofrece el fútbol.

Buenos Aires, febrero de 2012.

La simbiosis del equipo y el público enmarcó el espectáculo. No sé si el partido fue especialmente bello, pero fue cautivante y el público fue un elemento central para que las sensaciones que emitió el partido se multiplicaran y se convirtieran en emoción. A veces el mensaje de la cancha necesita de la bendición popular para convertirse en una emoción generalizada.

Bilbao, noviembre de 2011.

Mi vínculo con el público tiene como único puente el equipo. A la gente no le importa cuáles son mis emociones, ni dónde, ni cómo, ni si me gusta tal o cual artista; solo le interesa lo que produce el equipo.

Liniers, abril de 1998.

Siento una gran atracción por las hinchadas. Me enojo cuando voy a la cancha con gente que no me ayuda a descifrar los cantitos.

Santiago, noviembre de 2010.

El lunes de un hincha acarrea señales de lo que pasó el domingo. El fútbol es el primer deporte del mundo, el primer tema de conversación, y tiene como signo de atracción muy especial la posibilidad de que gane aquel que antes del partido era el peor de los dos contendientes. Eso hace que enraíce muy fuertemente en los sectores más populares de la sociedad y les reconozco la propiedad del fútbol a quienes menos tienen, porque son los que vinculan con mayor entrega con el escudo (...).

El hincha nos ha dado mensajes que a mí me emocionan. Una vez vi una bandera en Brasil que decía: "Vine por ti, hazlo por mí". Pensé que hacía referencia a que el aficionado estaba pidiendo que le brindaran un triunfo. Pero, a través de la bandera, el aficionado buscaba que el futbolista supiera que él querría estar jugando, sin poder hacerlo. El "hazlo por mí" era "juega por mí, mi sueño es jugar y no puedo cumplirlo". Es muy distinto a decir "triunfa porque eso me produce alegría". Esa es una vinculación con la representación de lo que significa el escudo en el hincha, es diferente.

Hace poco, en Porto Alegre, me hice amigo de un hincha del Gremio que me decía: "En el estadio, solo

alentar: cualquier análisis, cualquier crítica, después en casa". Esa incondicionalidad distingue al hincha.

Estaba en un palco en la cancha de Boca y llegó otro invitado. No era un hincha, sino un simpatizante, e insultó a un jugador de su propio club. Los dueños del palco le dijeron: "En este lugar y en la cancha de Boca no se insulta a un jugador que lleva nuestra camiseta".

En México conocí a un vasco exiliado, un especialista en sufrir. Le pregunté: ¿qué es lo más importante para un ser humano? Me respondió: ser amado sin condiciones. Un amor incondicional. Eso es el hincha. Te quiero a cambio de nada. Sin condiciones.

Una frase que a mí me costó mucho entender, vinculada a un equipo de Sevilla. "Te quiero aunque ganes". Es una exaltación del "te quiero a cambio de nada" Es un rechazo figurado a la recompensa que para el hincha significa el triunfo, que aumenta la significación del lazo afectivo. Lo que quiere decir la frase es: "No importa, descartemos la victoria que tanto deseo, así queda claro que te quiero a cambio de nada, sin condiciones". Para mí, que amo al fútbol, eso tiene muchísimo valor.

Cuando uno toma conciencia de lo que significa para el sector más bajo de la escala social haber ido al estadio e irse habiendo sufrido su equipo una derrota, sentirse responsable de eso es un peso muy difícil de tolerar.

Perugia, mayo de 2017.

El afecto es la pretensión máxima de los seres humanos. Hay dos tipos de afectos: los cercanos y estos, que son masivos. El público devuelve con afecto la sensación de provocar felicidad en mucha gente y esa es una sensación muy agradable. La más agradable que ofrece este oficio.

Leeds, julio de 2020.

He recibido muestras de afecto privadas, que no son las que se hacen públicas, y que las he valorado enormemente porque son manifestaciones de afecto que nada tienen que ver con los resultados, sino que el lazo se establece a través de reconocer sensibilidades similares.

Leeds, marzo de 2021.

CAPÍTULO 17

PERIODISMO Y ARITMÉTICA

> *"Le hace muy bien al fútbol por intentar siempre algo distinto, revolucionarlo y mantener sus convicciones; y lo mejor de eso es que se traslada a todos los aspectos de la vida. Te hace notar la importancia de estar convencido de cómo vivís, de lo que hacés y de por qué te dedicás a algo. Es un mensaje para los pibes y para los comunicadores".*
>
> **Juan Pablo Sorín, noviembre de 2020.**

(La relación de Bielsa con los medios de comunicación es una de las que más se ha modificado a lo largo de su carrera profesional. La violación de uno de sus "off the record" alteró para siempre su manera de vincularse con un sector al que había dedicado calurosamente tiempo y atención en el comienzo, como demuestra la profusión de entrevistas que concedió hasta 1998. Dos aspectos de la práctica periodística le causan particular desagrado: la simplificación del discurso y la polarización en la perspectiva de la competencia. En los últimos años, las conferencias y el traductor operan como barreras de protección, y nunca le resulta inoportuno disimular el desprecio si la ocasión es tan ridícula que lo amerite).

Uno no debe dar al periodismo una herramienta tan poderosa como el conocimiento de la propia emotividad desnuda. Si todos los que acceden a ella le fueran a dar el trato que merece un sentimiento noble, podría ser, pero no hay garantías.

En charla con su hermano Rafael, en víspera del año nuevo de 1998.

El periodismo expresa el sentir social y también lo conduce. Por supuesto que la prensa es un órgano que uno revisa para evaluar los diferentes contenidos. Pero a veces las cosas no salen publicadas como uno las manifiesta (...). Se aleja de lo conceptual y se revisa más lo anecdótico de todos los episodios, las verdaderas conclusiones de los hechos pierden importancia y el amarillismo está muy marcado.

Liniers, mayo de 1998.

El otro día El Gráfico sacó una tapa en la que se discutía mi tarea aduciendo, entre otras cosas, que yo quería convertir a Ortega en un lateral, mientras que, en el artículo correspondiente al partido, tanto el cronista de ese medio como el técnico de Brasil, (Wanderlei) Luxemburgo, me elogiaban por haber anulado con Ortega las subidas de Roberto Carlos. Eso es lo que no me agrada, es decir, cuando la prensa es tendenciosa.

Ezeiza, julio de 1999.

> *Por supuesto que permito cuestionarme. Lo que sí tengo que puntualizar es que discuto con una persona que no posee la información para sostener la discusión (...). Ninguna identificación con usted me hace bien. Entonces, cada vez que algo nos encuentra yo me distancio. Usted es mi enemigo, que me enaltece, ¿me entiende? Cuanto más lejos estoy de lo que usted representa, mejor soy.*

Ezeiza, mayo de 2003, discutiendo con un periodista en ronda de prensa.

> *Acá, el que no gana inmediatamente es un tarado. No se evalúa la manera, la forma, si lo mereció... Y ese fenómeno publicitario se devora al fenómeno deportivo. Gana uno solo y los demás pierden todos. Y solo sirve el que es campeón. Este fenómeno reclama mostrar al que sufre. El primer plano es para el que pierde en lugar de ser la felicidad del que gana.*

Buenos aires, mayo de 2004.

> *El procedimiento educativo más poderoso que tiene la sociedad ya no son las escuelas, son los medios de comunicación, que influyen más que la familia y la escuela, que son los elementos genuinos de educación.*
>
> *Es una vergüenza que los medios de comunicación eduquen a la gente. Porque los medios*

*de comunicación tienen intereses específicos,
y la educación y la familia tienen expectativas
diferentes a los medios. ¿Por qué digo esto?
Porque el mismo argumento que se utiliza para
amplificar un comportamiento en la victoria, es el
que se utiliza para condenar el comportamiento
en la derrota.*

*Lo traduzco: si Neymar recupera la pelota, con-
traatacamos, hacemos un gol y ganamos ocho
partidos seguidos, decimos: "Ah, colectivizó a
Neymar"; pero el día que pierda: "Este burro,
en vez de hacer jugar a Neymar al lado del arco,
lo hace perseguir al marcador rival". En eso se
especializan los medios de comunicación: en
pervertir a los seres humanos. ¿Y esto donde
se verifica? En que lo que te hace importante
cuando ganás, es lo mismo que te hace estúpido
cuando perdés".*

Río de Janeiro, mayo de 2017.

*El arma del periodista es la palabra escrita. Mi
arma es la palabra hablada. Yo uso cincuenta frases para redondear una idea y después ustedes
tienen que ponerla en una línea. Eso a mí siempre me aterroriza, quizás porque no sé escribir.
Lo que odio es cuando no aciertan en la trans-
cripción. Prefiero que nadie me conozca a que
me conozcan equivocadamente. Soy especial:
me importa mucho la opinión del otro, y en
ocasiones me causa mucho daño lo que lleguen
a pensar de mí. Por eso también me trauma tanto
dirigir: porque es un acto público y me expongo
cada vez que mi equipo sale a la cancha. No me*

gusta que me odien o que me insulten o siquiera que me interpreten mal. Por eso en las entrevistas desearía que aparezca lo que pienso. No tengo problemas si me atacan por lo que creo o pienso o siento, pero sí que me critiquen por cosas que no dije o que me pusieron creyendo que las dije.

Me piden que haga conferencias más seguido. ¿Para qué? Para que me humillen y digan que hablo cuatro horas y que las cosas que digo no le importan a nadie. Para que me humillen cuando publican que vienen treinta periodistas y que, a medida que pasa el tiempo, no va quedando nadie porque se cansan, se aburren y se van.

Les pido a ustedes que me indiquen cuál es la manera en que tenemos qué relacionarnos. Las conferencias de prensa me siguen pareciendo el medio más justo para conectarnos, porque no discrimina y trata a todos por igual. Si algo ha obstaculizado la comunicación con la gente, ha sido el negocio periodístico.

Santiago, abril de 2010.

La prensa tiene una idea de cómo ser bueno, cómo brillar, cómo ser el mejor, y es una idea distinta a la del entrenador.

Bilbao, 2011.

No hay método más preciso para educar que los medios de comunicación y me rebelo contra los mensajes que, a través de ellos, se envían.

Bilbao, abril de 2012.

Tengo muy mal concepto del periodismo y de los periodistas en general. Pero tengo peor concepto de los entrenadores, para que se queden tranquilos, empezando por mí mismo.

Bilbao, julio 2012.

En enero de 2015, los periodistas que seguían al Olympique de Marsella se burlaron por los tres meses consecutivos que Bielsa llevaba sin abrir los entrenamientos a la prensa "un récord en Francia"; les contestó de esta forma:

¿Les parece bien observar el entrenamiento de hoy? ¿Eso evitaría su decepción? En Bilbao, mi trabajo anterior, dónde trabajé dos años, nunca hubo un entrenamiento a puertas cerradas. Lo que describe mi posición respecto al trabajo que ustedes hacen.

Quisiera que ustedes también entiendan que reciben la información suficiente en términos de poder interpretar lo que se hace en el entrenamiento. La verdad es que a ustedes lo que pasa en el entrenamiento no les interesa. Sí les interesa ver si pueden percibir un conflicto para amplificarlo.

A ustedes no les interesa evaluar lo que pasa en el entrenamiento y vincularlo con el juego. Voy a hacer lo necesario para que ustedes puedan ver un entrenamiento semanal.

Cuando yo trabajaba en Chile, me hacían requerimientos similares a estos, yo accedí, y fui al entrenamiento sin la prótesis dental que usaba en aquel momento, la cual cubría el frente de mi boca desdentada. Obviamente, al otro día todos los medios comentaron el entrenamiento en función de mi boca y no hicieron un solo comentario de los ejercicios que se hicieron.

Es muy útil que el público sepa que ustedes quieren ver los entrenamientos para ver si pueden amplificar algún problema de relación que exista dentro del grupo. No estoy prejuzgando, hace 30 años que contacto con los medios y sé perfectamente cómo funcionan.

El público tiene una relación con los entrenamientos diferente a la de los medios, y la justifico: quieren tocar al ídolo. El problema lo voy a resolver solo para que no se agigante, no porque ustedes lo merezcan.

En los entrenamientos de un equipo siempre hay peleas entre el cuerpo técnico y los jugadores. Si ustedes estuvieran observando, nosotros no podríamos pelearnos, discutir libremente, porque la necesidad de la disputa sería neutralizada por la repercusión de la pelea.

¿Por qué tiene que haber diferencias y discusiones? Porque se reclama esfuerzo a 200 pulsaciones y eso siempre genera conflicto y es indispensable. Por lo que nosotros evitamos la presencia de espectadores. Eso, si ustedes lo entendieran, compartirían mi punto de vista.

Nunca hay un comentario en un medio de prensa sobre el contenido de los entrenamientos. A lo sumo, no supera el 3 % o el 5 % de lo que se publica. Como a mí me interesa el entrenamiento, reviso, pero nunca, nunca encuentro un artículo dedicado a correlacionar la preparación y los efectos de la preparación en el juego.

Todos, entrenadores y periodistas, tenemos una franja de comportamiento universal. Sé qué estoy diciendo y, del mismo modo, reconozco en el comportamiento de la profesión que ejerzo un montón de especulaciones dañinas. A mí lo único que me interesa es que el público sea más culto.

Integro un grupo que se dedica en todo el mundo a seleccionar semanalmente las mejores notas que se publican sobre fútbol; tengo a mi cargo, en este momento, Francia y Argentina, y son justamente las grandes firmas del periodismo quienes dicen que el periodismo, como colectivo, le ha enseñado al público solo sobre geometría [aritmética]: 4-3-3, 4-3-1-2 y demás números.

Marsella, enero de 2015.

Consecuencia, coherencia e integridad son lo contrario de oportunismo. Los medios de comunicación, especialistas en cambiar de posición según las victorias o las derrotas, los obligan a una alteración de la adhesión, porque el cambio de opinión, cuyo derecho es innegable, debe ir acompañado de una justificación que indique los motivos (...).

La batalla entre el efecto formativo de los medios de comunicación respecto de la enseñanza de los libros ya sabemos quién la ganó. La expectativa de que educándonos esto va a cambiar, no existe. Los medios no van a cambiar y condicionan la conducta social.

Hay una gran perversión: si uno habla en contra de los medios de comunicación, lo primero que hacen los destinatarios de la crítica es recordarnos que no se debe generalizar.

Todos estamos constituidos por fruto y maleza. Un segmento de los medios apunta al desarrollo del fruto. Lo primero que hay que decir es, sí, hay excepciones.

Lo segundo que dicen los medios es que cambiemos de canal. Pero el fruto y la maleza son igual de sensibles a la prédica. Ellos estimulan lo peor de nosotros: nunca cambiamos de canal.

No hay contenido para tanto tiempo (de aire) y no hay talento para generar contenido valioso

aunque el tiempo fuera menor. Entonces, la con-
secuencia es que somos cada vez más de lo peor
que nos constituye.

Perugia, mayo de 2017.

CAPÍTULO 18

EL CAMPEÓN DE LAS MIRADAS

> *"Es muy difícil, por dar un ejemplo, encontrar una apreciación negativa sobre Marcelo Bielsa, y eso que en el Mundial 2002 la selección fue eliminada en primera rueda".*
>
> **Alejandro Sabella, abril de 2014.**

(En un sentido amplio, Bielsa se define por sus frases, y son esos puntos de vista los que delimitan, en gran medida, su categorización ideológica, pero sería mezquino considerar esas fuentes como las únicas que posibilitan conocerlo con profundidad. En definitiva: ceñirse en exclusiva a sus convicciones inevitablemente lo sesgarían. Ningún retrato suyo como entrenador podría considerarse completo sin prestarle atención a lo que sus colegas tienen para decir sobre el rosarino).

"Sus equipos son unos cuando él llega y otros después cuando él ya está allí. Sus equipos siempre mejoran y se puede apreciar su influencia. No necesitas mucho tiempo para darte cuenta de que son sus equipos. Son equipos únicos, que solo le pertenecen a él. Creo que es un regocijo para el mundo del fútbol (...). Respeta al rival y juega por los aficionados y los espectadores. También juega por la victoria y no importa si es en casa o a domicilio. Convence a los jugadores para que lo sigan y la manera en que han creído en él es increíble (...). Por todo eso es que lo reconozco como al mejor. La gente dice que no ha ganado títulos. Sí, denle el Manchester City y ganará títulos. Depende de los jugadores, pero siempre los convierte en mejores futbolistas. Esa es la mejor prueba de que un entrenador es bueno".

Pep Guardiola, abril de 2021.

"La mejor selección que he visto (en el Mundial de Sudáfrica) es la de Chile. Ofrecer algo más a los aficionados siempre ha sido una de nuestras cualidades [Holanda], pero Chile nos ha tomado el relevo en esto. Ha demostrado ya mucho, y ha entendido muy bien que aunque las posibilidades de un título sean pocas, en sus manos está la oportunidad de hacer que el público mire con gusto".

Johan Cruyff, julio de 2010.

"Sus equipos tienen carácter y armonía y cuando uno los ve jugar comprende que el entrenador es Bielsa. La relación entre los jugadores y su posicionamiento en la cancha son prolijas hasta los últimos detalles (siempre 11 en posición activa con o sin pelota), la transición es buena y rápida, el ritmo y los conocimientos colectivos son elevados y el pressing es devastador".

Arrigo Sacchi, junio de 2011.

"Es una demostración heroica de cómo el fútbol puede expresar valores de vida. Solo por hacer de ese esfuerzo ético una cruzada, hay que sacarse el sombrero".

Jorge Valdano, junio de 2021.

"Vivimos en una sociedad exitista donde ganar, para mucha gente, casi es lo único y lo que importa. Los procesos quedan en segundo plano. No tuve la suerte de trabajar con Bilardo y Menotti, pero haber ganado los Mundiales hace que los dos sean referentes. Es verdad que se podría incluir a Marcelo. El principal activo de Bielsa es haber creado algo diferente a Bilardo y a Menotti. Puede estar un poco en el medio".

Mauricio Pochettino, junio de 2020.

"Es el mejor entrenador de la historia del fútbol argentino. Explica muy bien, tiene una gran capacidad para transformar en trabajo las cosas que él ve que suceden en los partidos, no aburre, siempre entusiasma, sus trabajos son novedosos y tiene una cabeza notable. Además, te marca por una línea de conducta que tiene que ver con la seriedad, la ética y la honestidad. Es un tipo que debería trabajar en un lugar más formativo, porque el medio futbolístico actual es demasiado inescrupuloso para un tipo como él".

Gerardo Martino, abril de 2007.

"Creó un equipo de la nada (en Bilbao) y llegó a dos finales. Todos hablan solo del Barcelona, pero hay que reconocer el juego del equipo de Bielsa, que dejó en ridículo dos veces a un Manchester United con muchísimas figuras".

Diego Maradona, marzo de 2012.

"Me encanta su estilo de fútbol y me encantaría pasar tiempo con él cuando sea posible hablar de fútbol".

Carlo Ancelotti, noviembre de 2020.

"Es un tipo honesto que ha dignificado la profesión de entrenador, y que siempre está buscando cómo crear juego, tanto ofensiva como defensivamente; demuestra que es posible crear juego mientras un equipo defiende".

Benito Floro, junio de 2010.

"Hay grandes equipos con grandes historias y Bielsa es claramente uno de los entrenadores más fascinantes. Su estilo de juego es muy singular y muy intenso.

Thomas Tuchel, marzo de 2021.

"Es un entrenador de élite".

Hansi Flick, diciembre de 2020.

"Admiro su trabajo, pues vemos la emergencia de un Athletic de Bilbao muy bueno. Son determinados, muy organizados y albergan una gran confianza. Es la marca de su entrenador. Ha inyectado esas cualidades a sus jugadores".

Sir Alex Ferguson, marzo de 2012.

"Es un entrenador que tiene una increíble experiencia de alto nivel, es una persona muy minuciosa. Ello me marcó. Me dio un consejo: no imites a nadie, mantén tu línea. Ama a sus jugadores y ama a los jugadores que hicieron la historia del fútbol".

Zinedine Zidane, 2014.

"Respetémoslo, porque es un hombre de principios. Es un hombre de honor, un hombre intachable, es un hombre sano. Respetemos a esos hombres, porque no hay muchos como él en el mundo en el que estamos".

Luis Fernández, agosto de 2015.

"Con la selección de Bielsa nos identificábamos todos. Ese era un equipo y es lo que quiero rescatar. Es lo que nosotros necesitamos lograr. Me gustaría que todo el mundo haga lo que hacia esa selección".

Lionel Scaloni, mayo de 2019.

"Es un genio, quien mejor me ha explicado lo que pasaba en el partido. Siempre tuvo mucha claridad de concepto sobre lo que quería. Mecanizábamos los movimientos y las situaciones de juego

todo el tiempo, y eso ayudaba un montón. Tuvo una etapa brillante en las eliminatorias de 2002, pero al equipo le faltó llegar bien al Mundial. Valoro mucho todo lo que hizo y hace".

Diego Simeone, julio de 2020.

"Soy un seguidor de la escuela de Bielsa desde los noventa, cuando irrumpió con un protagonismo excepcional. Me gustó su rebeldía para no resignarse a correr detrás del balón y tenerlo, esté quien esté en el campo como rival".

Jorge Sampaoli, marzo de 2021.

"Tiene un discurso. Defiende su personalidad. Muchas veces los entrenadores son formateados. Como en las escuelas de política. Todo el mundo aprende a hablar del mismo modo. Antes de un partido hay que decir tal cosa. Después de un partido hay que decir tal cosa. Los jugadores están acostumbrados a oír la misma cosa. Bielsa es distinto".

Eric Cantona, 2015.

"Me cambió la visión sobre el fútbol, era un adelantado a su tiempo. Siempre quise ser entrenador, pero desde que lo conocí, me lo tomé en serio. Antes tuve a Lucescu y Sven-Göran Eriksson, que tenían en cuenta los mínimos detalles. Pero Bielsa era un paso más".

Marco Rossi, DT de Hungría, junio de 2021.

"Te lleva a límites que uno cree no ser capaz de alcanzar y lo hace de una manera particular, que solamente él lo puede lograr. Algunos quieren copiar el modelo, pero solamente Bielsa hace lo que hace Bielsa. Con el tiempo ha modificado un montón de situaciones, tanto de conducción como de entrenamientos, pero es admirable cómo se sostiene y es respetado en todo el mundo".

Eduardo Domínguez, agosto de 2017.

"Es como San Martín: se tuvo que ir del país para ser reconocido. Demostró que su trabajo servía y hoy es valorado a nivel mundial".

Germán Burgos, febrero de 2021.

ALGUNOS GOLES EN CONTRA

"La colaboración del Lille y Bielsa fue un fracaso. Aunque muchos, yo el primero, considerábamos que su llegada era muy prometedora, es obligatorio constatar que no funcionó".

Gerard López, diciembre de 2017.

"Bielsa debe ganar un trofeo de prestigio, un trofeo por toda su carrera, por todo lo que ha aportado al fútbol, pero no figura entre los mejores entrenadores de 2020, ¡solo ha ganado el Championship! (Segunda División de Inglaterra)".

André Villas Boas, diciembre de 2020.

"Para entender a Bielsa hay que estar loco. La culpa es suya. Es mala gente y se cree que es Dios, pero no es Dios. Y tampoco puede retarme. Se dice que rompí su ley, pero yo no hablé con ningún periodista. Parece que estuviéramos hablando del Papa. ¿Qué tendría que haber hecho?".

Víctor Marchesini, agosto de 2010.

"Es un entrenador que en Francia estuvo bastan-te bien y en Bilbao también. Aunque dejó a los muchachos desgastadísimos. Hay entrenadores que son para selección y otros para equipos y, al parecer, la forma de trabajar de él es mucho más conveniente para una selección. Pero no vamos a discutir que es un gran entrenador.

Mario Alberto Kempes, enero de 2017.

"Bielsa tiene mentalidad ganadora, tácticamente y en disciplina es el mejor. Pero es muy difícil. Todos los días hay un video, una reunión, todos los días son dos horas de entrenamiento… Cuando ves después el resultado pensás que vale la pena, aunque después llega el lunes y piensas: 'Otra vez una semana'"

André Gignac, 2017.

"Es un gran técnico que tiene una táctica como la del Ajax de 1995, pero sería mejor para el jugador que fuera más simple en algunas explica-ciones, que no se complique tanto en la comu-nicación. Es una persona honesta, profesional, un técnico convencido de su idea, ofensivo; pero podría corregir eso. Tal vez también sea algo frío con el jugador.

Guillermo Barros Schelotto, junio de 2010.

"Te mejora en todos los aspectos, pero lo que no termino compartiendo es el desgaste que te lleva del primer día al último día. Es entrenamiento de alta intensidad en enero, mayo y noviembre. Hay que tener una merma no en calidad, pero sí en intensidad".

Leonardo Astrada, mayo de 2020.

"Es un excelente entrenador y trabaja muy bien. Es uno de los pocos que vi trabajar con intensidad. Después de lo que pasó en la Copa América del 99 no lo volví a ver. El tiempo me dio la razón a mí".

José Luis Calderón, enero de 2012.

"Nunca en mi puñetera vida había entrenado tantas horas y a tanto nivel de exigencia. Era tal la demanda en el entrenamiento (del América) que no había forma alguna, no había un momento de respiro durante tres horas. Entonces, en un momento no podíamos caminar y nos faltaba la mitad de la temporada. A la vuelta de la Copa América me senté a hablar con él para que nos diera unos días más de vacaciones. Sin mirarme, me dijo: 'Si yo entrenara a Maradona, no me hubiera pedido un solo día de vacaciones. Buenas tardes, salga de mi oficina'".

Luis García, agosto de 2017.

"Me gustaba, pero para Argentina, no para el Athletic. Le va más el fútbol francés, porque tiene mucho jugador africano y es un fútbol mucho más técnico de trabajo y de concepto de juego. Es un modelo de entrenador bueno para otro fútbol, pero para el Athletic fue nefasto: era un equipazo que podía haber sido campeón de la UEFA o de la Copa, pero hicimos el papanatas".

Javier Clemente, noviembre de 2017.

"Llegó un momento en que casi todo el equipo se cansaba al mismo tiempo y se nos iban los resultados. Le comentamos a Bielsa que estábamos cansados, que tenía que bajar el ritmo del entrenamiento, pero él no entendió, no quiso. El equipo (América) se fue para abajo y, al final, otra vez se tomó la decisión de echarlo".

Francois Omam Biyik, marzo de 2019.

"No salíamos de la habitación por si nos encontraba y nos tenía una hora y media hablando de táctica. Una vez nos cogió (con Pochettino y Esnaider), nos metió al sauna y nos dio una charla de 30 minutos. No podíamos más ahí adentro".

Iván Helguera, mayo de 2020.

CAPÍTULO 19

CHARLAS MAGISTRALES (III)

Río de Janeiro (Brasil), 8 de mayo de 2017

EL DESARROLLO Y LOS LÍMITES DE LA TÁCTICA

(En el auditorio de la Confederación Brasileña, Bielsa desgrana su síntesis del conocimiento táctico y expone los criterios que vuelven imprescindible una relación de causalidad entre la plasticidad de los dibujos tácticos y la polifuncionalidad de los jugadores).

Los esquemas tácticos son 10, no hay más. ¿Por qué lo sé? Hace 30 años que veo fútbol, siempre lo veo con colaboradores, todos los entrenadores hemos visto muchos partidos, pero yo lo hice con un método, siempre registro cómo están parados los equipos. Como he visto cincuenta mil partidos en los últimos 40 años, sé que los esquemas tácticos no son más que 10. De algún modo lo puedo demostrar.

Hay esquemas tácticos a los que yo llamo "en desesperación", que se aplican en los últimos cinco minutos de un partido que vamos perdiendo 1-0 y jugamos ocho adelante y tres atrás o, por el contrario, vamos ganando y jugamos con nueve atrás y uno adelante.

Una frase muy en boga: a los entrenadores nos dicen que tenemos que decidir la filosofía del equipo según los jugadores que uno cuente. Creo que es cierto, pero yo no aplico esa verdad. ¿Por qué? Porque al fútbol lo siento de una manera determinada, y no puedo convencer si al jugador solo le recito algo: el jugador percibe que no hay emoción y sinceridad. Por eso es muy difícil dirigir proponiendo ideas en las que uno no cree aunque las reconozca eficaces.

La emoción es la capacidad más importante del entrenador. Es la clave. Es muy difícil convencer si uno propone algo en lo que no cree a muerte.

¿Mezclar lo que uno siente con los jugadores de los que dispone? Soy extremista y creo que esa es una tarea para la que no tengo la sabiduría indispensable. Dirijo según lo que siento. Y si el jugador al que dirijo no logra adaptarse, lucho para que se adapte, para poder proponerle aquello en lo que yo siento.

DE LAS FUNCIONES A LOS ESQUEMAS

El fútbol, originalmente, tiene dos defensas centrales, dos defensas laterales, un volante defensivo, uno ofensivo, uno intermedio, dos extremos y un delantero. Esas son las funciones del fútbol.

Con esos jugadores hay que construir los diez esquemas tácticos reconocidos

CON LÍNEA DE 4		CON LÍNEA DE 3
4-2-1-3	deriva en	3-3-1-3
4-3-3	deriva en	3-4-3
4-3-1-2	deriva en	3-4-1-2
4-2-4	deriva en	3-3-4
4-2-2-2	deriva en	3-3-2-2

La línea de 4 defensores y la línea de 3 atacantes nos dejan 3 volantes, que no pueden jugar en fila de manera fija.

A los volantes no se los alinea a lo largo del campo ni a lo ancho a la misma altura. Se forman dos tipos de triángulos, uno con el vértice más cerca del arco propio y el otro con el vértice más cerca del arco rival. El primer esquema es el 4-3-3, el segundo es el 4-2-1-3. Son las dos opciones posibles cuando hay cuatro defensores y tres atacantes.

Ahora, si le quitamos un delantero a la línea de ataque, aumenta la cantidad de volantes. Y si le quitamos un integrante a la línea defensiva, aumenta la cantidad de volantes.

Esos son los principios que guiaron el desarrollo táctico.

Los esquemas posicionales tienen una importancia mínima en el juego. Lo que consideramos como fijo, el juego lo va permitiendo por momentos: esa pretensión que tenemos los entrenadores de definir como inamovible el esquema que presentamos es absurda.

(Alfio) Basile lo decía con una sabiduría muy grande: "A los jugadores los pongo donde creo que es lo mejor, pero ellos se mueven"

El esquema fijo es una cosa, pero los momentos del juego son otra, producto de la movilidad que el juego exige,

Con el 4-3-3 se puede manejar cualquiera de los esquemas producto de la movilidad y de la dinámica del juego.

LA SIMETRÍA ES INDISPENSABLE EN LOS ESQUEMAS TÁCTICOS

Cuando yo empecé en el fútbol, los grandes equipos eran los que podían cambiar el sistema táctico empleando los mismos jugadores. Hoy está de moda el Plan B: si no tenés Plan B, no sos buen jugador. Crecí con la idea de que el jugador era bueno si (el equipo) jugaba de todas las maneras que se podían imaginar (siempre) con los mismos jugadores, sin hacer sustituciones, más allá de que en momentos puntuales el juego lo exige.

Los hombres que juegan en el eje central del campo es muy importante que tengan perfil derecho y perfil izquierdo. Los que juegan por los costados normalmente conservan la pierna hábil. No ignoro que a veces hay que poner un zurdo a la derecha para que la mayor parte del campo le quede hacia un lado o, en el caso de los extremos, para que el arco sea una referencia más factible.

El 4-2-2-2 es el esquema menos utilizado, pero tiene una referencia inolvidable, la Colombia del Pibe Valderrama, dónde jugaban Leonel Álvarez y Gómez, Rincón y Valderrama, Valencia y Asprilla. Una de las expresiones más valiosas de ese sistema, por lo menos para los sudamericanos.

Los esquemas se forman con independencia del esquema que tiene el rival. Hay una experiencia que he observado: en los partidos definitorios, los esquemas actúan como espejo. Se compatibilizan, se empalman. Mi teoría es esa: dónde haya un jugador de ellos, sepamos quién tiene la responsabilidad de absorberlo.

Adaptación posicional para enfrentar a los 5 esquemas reconocidos con línea de 4:

ESQUEMA RIVAL		ESQUEMA PROPIO
4-2-1-3	se le opone	4-3-3
4-3-3	se le opone	4-2-1-3
4-3-1-2	se le opone	3-3-1-3
4-2-4	se le opone	3-4-3
4-2-2-2	se le opone	3-3-1-3

Cuando un equipo, en lugar de marcar en zona, persigue, eso habla mal del entrenador y también del desarrollo táctico del equipo. La presión tiene un principio innegociable. No se puede presionar y permitir que haya un rival libre cerca. La pelota le llega siempre. Para presionar, hay que tener igualdad numérica y respaldo en el sector de la presión. Entonces, para no perseguir, hay que hacer cambio de marca, porque no perseguir y quedarse cuidando un espacio en donde el rival no pone a nadie, es un error. Hay que cambiar de marca para que el jugador esté lo más cerca posible de su posición original. Pero los cambios de marca en el fútbol son lo más difícil de lograr en la escena defensiva.

Siempre voy viendo si podemos atacar con seis jugadores, porque con cuatro que respaldan se puede atacar con seis con resguardo defensivo.

Adaptación posicional para enfrentar a los 5 esquemas reconocidos con línea de 3:

ESQUEMA RIVAL			ESQUEMA PROPIO
4-2-1-3	deriva en 3-3-1-3	se le opone	4-3-1-2
4-3-3	deriva en 3-4-3	se le opone	4-2-4
4-3-1-2	deriva en 3-4-1-2	se le opone	3-3-2-2
4-2-4	deriva en 3-3-4	se le opone	3-3-4
4-2-2-2	deriva en 3-3-2-2	se le opone	3-4-1-2

Cuando se enfrenta a cada uno de los 10 esquemas variables, se utiliza el siguiente esquema táctico:

ESQUEMA RIVAL	ESQUEMA PROPIO
4-2-1-3	4-3-3
4-3-3	4-2-1-3
4-3-1-2	3-3-1-3
4-2-4	3-4-3
4-2-2-2	3-3-1-3
3-3-1-3	4-3-1-2
3-4-3	4-2-4
3-4-1-2	3-3-2-2
3-3-4	3-3-4
3-3-2-2	3-4-1-2

LA CULTURA TÁCTICA

En su etapa formativa, un jugador juega 400 partidos, doscientos oficiales y doscientos entre semana. Quiere decir que tiene 400 opciones para desarrollar cultura táctica. Se escucha: todos los equipos del club tienen que jugar con el mismo esquema. Mi opinión es: todos los equipos del fútbol formativo tienen que jugar un año cada esquema, con línea de 4 y su derivación en línea de 3. Un año por año. O, de los diez meses de cada año, cambiar el sistema cada dos meses.

Estilo y modelo no es lo mismo que disposición táctica. El modelo de una institución no es el dibujo: es si la pelota va por arriba o por abajo, cómo se interpreta el reglamento, un montón de aspectos que tienen que ver con el estilo.

Cualquier jugador, necesariamente, juega en tres puestos, aunque parta del natural.

Si usted hace una práctica de 60 minutos y cada 10 minutos cambia el diseño, en dos prácticas usted hizo pasar a los jugadores por los 10 esquemas, y para desarrollar eso tiene cinco años. La cultura táctica con la que llega un jugador al primer equipo no es la misma si se sometió a este proceso que si no lo hizo.

Seis segmentos de fútbol formal repetidos dos veces cada uno son suficientes si se desea tanto componer como enfrentar a los 10 sistemas reconocidos.

Los segmentos serían los siguientes:

4-1-2-3	vs	4-3-3
4-3-1-2	vs	3-3-1-3
4-2-4	vs	3-4-3
4-2-2-2	vs	3-3-1-3
3-4-1-2	vs	3-3-2-2
3-3-4	vs	3-3-4

Es muy sencillo: no importa cómo salga. Va a salir mal un año. Un periodo. Después, los jugadores comienzan a asimilar con ductilidad esta cuestión. Pero, aún si hubiera logrado transmitir lo que quiero con precisión, esto tiene un defecto: cuando uno forma estos esquemas con dos atacantes o con línea de tres, lo hace de una sola manera, no de las cuatro en que se pueden formar.

POSICIONES Y ALTERNATIVAS

Los laterales suben, cierran la defensa o cierran como interiores.

Es decir, el lateral izquierdo puede terminar como marcador central, como volante mixto o como extremo; el lateral derecho lo mismo.

Los centrales retroceden como libres, abren como laterales o suben como contención: otras tres posiciones.

El volante de contención desciende a relevar como lateral, como hombre libre o se vuelve, actúa como mixto cuando tiene por detrás a los centrales.

El volante mixto puede actuar como contención, como extremo o como volante ofensivo.

El volante ofensivo se puede hacer mixto, extremo o atacante central.

Siempre son posiciones alternativas: partiendo de su posición, cada jugador asciende o desciende y también se desplaza del costado al centro o del centro a los costados.

La movilidad dentro del terreno provoca que los 10 futbolistas de campo tengan, además de su puesto original, otros tres alternativos.

Una semana, la práctica de fútbol se hace así, y a la otra semana se dan vuelta los equipos.

Tanto si yo quiero formar un esquema de acuerdo al rival, o ignorándolo, los esquemas son los mismos.

La polifuncionalidad no es una posición fija, sino que son momentos del juego que la movilidad genera para adaptarse al rival (porque no

puedo cambiar de marca) o para atacar (y llegar a dónde el rival no me espera).

RESPETO Y AUTORIDAD

El futbolista es un compañero del trabajo del entrenador, con distintas posibilidades para ejercer la autoridad. El futbolista se merece que se lo forme para mejorarlo en su condición de ser humano.

Un jugador es sustituido y manifiesta, frente a 50 000 personas, el descontento por la decisión del entrenador. Dejemos por un instante de lado la ofensa que significa para el compañero ingresante, al que le dice que él no merece salir y que el otro no tiene que estar donde está.

Si el futbolista tiene derecho a decir que el entrenador se equivoca cuando lo sustituye, el entrenador tiene derecho a decir: "Mirá este burro", cuando el jugador erra un gol.

Entonces, ¿qué grupo sólido se puede construir si los futbolistas, argumentando que tienen 200 pulsaciones, rechazan la decisión del entrenador o el entrenador pone en evidencia que el jugador se equivocó?

¿Por qué esta perversión continúa?

Recuerdo un partido en el que, en el minuto 90, el Real Madrid va ganando 8-0 y, en el banco, los jugadores hablan tapándose la boca. Pensé "8-0 y tienen que hablar en secreto, qué raro". Eso no está ni bien ni mal. A los 95 minutos, la TV muestra a un chico vestido con la ropa del Real Madrid hablándole al de al lado con la boca tapada… ¿qué quiere decir eso? La imitación, el ejemplo, son absolutamente invasivos. Cuando un jugador se enoja por la sustitución tenemos que hacer que sienta que eso le va a generar exclusión social, porque está mal que haga eso.

Los entrenadores no manifiestan en público los errores de sus jugadores, no porque tengan otra calidad humana, ¡sino porque duramos dos segundos si hacemos eso! El jugador tiene que sentir que es peor persona si hace eso porque, de lo contrario, no se puede convivir.

No es lo mismo disciplina y respeto. Disciplina habla de verticalidad, respeto habla de horizontalidad. La verticalidad en el fútbol funciona a corto plazo, no en el largo plazo.

El día en que se le esfuma el poder, usted ya no puede hablar más porque lo que usted dice solo tiene valor si hay una relación de poder. Respeto, en cambio, tiene valor siempre.

Disciplina habla de verticalidad y respeto de horizontalidad. Y la disciplina se aplica con el poder, es decir, que cuando no tiene poder no la puede ejercer más. El respeto, en cambio, se puede ejercer siempre porque es desde la horizontalidad.

Nosotros nos enamoramos de lo contrario a lo que produce malos resultados. Si el equipo gana dentro de la libertad o el libertinaje, los disciplinados son unos fascistas; si gana la disciplina, la libertad es desaconsejada.

CAPÍTULO 20

ESPIONAJE, *FAIR-PLAY* Y ÉXITO: RESURRECCIÓN EN LEEDS

> *"Tratándose de Marcelo Bielsa, siempre voy a estar de acuerdo con lo que hizo. Debo dejar constancia de que cualquier cosa que él haga, en sentido de fair-play, seguramente le nace del corazón".*
>
> **Alejandro Sabella, abril de 2019.**

(En Inglaterra, para su sorpresa, el principista Bielsa encontró que le exigían más valores que los que había venido enarbolando durante su carrera. Casi que se alegró por ello. Confesó públicamente que había ido mucho más allá de lo que creían —era su manera de aceptar esa carencia— y esta etapa superior de su preparación acabó permitiéndole volver a nadar en el éxito. Pero ya no era el mismo que había sido campeón 30 años antes. No es casual entonces que, a esta altura, Leeds haya sido el club al que más partidos dirigió).

El fair-play *de tirar la pelota afuera cuando un jugador está lesionado solamente se reclama si la tiene el equipo contrario al que está caído. Si la tiene el equipo con un jugador caído, no la tira afuera, sigue atacando. Uno puede pensar que los jugadores son unos inmorales. No: nosotros los convertimos en inmorales. No son perversos: están educados para ser perversos, porque si no, son estúpidos, y eligen ser perversos. Eso es lo que hay que desarticular porque nos empeora todo.*

Río de Janeiro, mayo de 2017.

Jugamos un partido muy completo, nunca el público nos había acompañado del modo en que lo hizo, percibió el estado de necesidad del equipo y lo sostuvo. El equipo merecía el apoyo.

Tras la derrota 2-0 ante el Derby County, 11 de enero de 2019.

El único responsable de la situación soy yo. La situación es real. No le avisé al club ni le solicité autorización. Cuando vi la indignación que le produjo al entrenador del Derby County (Frank Lampard), a su público y a las autoridades, lo llamé para asumir que lo que había sucedido era tal cual estaba siendo relatado y que el responsable era yo. Ahí confirmé que él se sentía muy ofendido porque yo había alterado las normas del fair play.

La conclusión que se desprende de ese relato es que yo obtuve una ventaja deportiva con un hecho condenable. Puedo explicar mi comportamiento, pero de ninguna manera justificarlo, porque las normas son las que determina el lugar que me permite a mí trabajar. No es mi intención ser justificado o comprendido. Esta práctica la he realizado frecuentemente cuando participaba en las eliminatorias sudamericanas para los Mundiales, con Argentina y con Chile.

En Sudamérica, igual que en Inglaterra, es legal, pero no produce el enojo que produce aquí cuando esta situación se vuelve pública. Igual que aquí, si una persona es observada haciendo esa tarea, se lo desplaza del lugar. Como acá, nadie merece una pena por cometer un acto de este tipo. Es un espacio público y no se condena a quien lleva adelante esa práctica. Por lo cual, yo no me siento un tramposo por haberlo hecho. Fundamentalmente por un motivo: no obtuve ninguna ventaja.

¿Por qué lo hice entonces? Porque es una fuente de información más y recurrí a ella. Pero entiendo perfectamente el enojo del entrenador rival. Él me observa como un tramposo y entiendo que esa sea su conclusión. No me siento así porque no tuve la intención de obtener una ventaja ilegal. No aspiro a ser comprendido; estoy obligado a entender y a adaptarme.

Trabajé en Athletic de Bilbao y ahí, al año, son 280 entrenamientos, todos a puertas abiertas. Por supuesto que existe la posibilidad de que el rival observe los trabajos que uno realiza. Ese es un caso,

es un ejemplo. La información que se genera en un entrenamiento es, para mí, tan irrelevante que no se me ocurre reclamar por esa cuestión. Los entrenadores tenemos mucha más información que la que podemos procesar.

Debo respetar la mirada que tiene el fútbol inglés sobre esta práctica, no me considero un inmoral por haberlo hecho, mi pretensión no fue obtener una ventaja deportiva añadida.

Pero hay dos preguntas que no puedo responder satisfactoriamente. ¿Si es tan irrelevante la información, por qué la recabo? La respuesta: es una herramienta más y la he utilizado (...).

Lampard no aceptó mi explicación. Me dijo, con una frontalidad valiosa: "Usted ha superado la barrera del fair play". Le dije: "Cualquier conducta que usted asuma respecto de mi comportamiento la entenderé como legítima". Tampoco lo llamé para disculparme, sino para que supiera que yo era el responsable y que los hechos eran como los describieron. No correspondía que yo le explicara cuál es mi posición porque se hubiera interpretado como una forma de querer modificar la impresión que él tenía (...).

Entiendo que se investigue, pero todo lo que tenía que decir ya lo he dicho. No tengo que defenderme, porque no tengo razón. Las costumbres y la escala moral no las defino yo. Respeto la escala que impera en el lugar donde trabajo.

Todo este episodio impacta mi estado de ánimo. La victoria es muy importante, pero yo por lo único que voy a disculparme es por haber contaminado un partido de fútbol por todo este tema. Si yo repitiera como un niño "no lo voy a hacer más" me sentiría muy incómodo y me volvería muy poco creíble. Es una posición infantil.

Leeds, 11 de enero de 2019, explicando el espionaje al Derby County.

#

Conocer los jugadores, conocer los esquemas, conocer quiénes interpretan los diferentes esquemas, no necesito ir a ver el entrenamiento de un rival para interpretarlo. ¿Por qué voy? Porque no está prohibido, porque no sabía que iba a generar semejante rechazo, porque aunque este trabajo (de conocer a los jugadores rivales) no sirve para nada, me tranquiliza hacerlo.

Hemos visto a todos los rivales, toda la temporada 2017/18. Estos 51 partidos de Derby County los hemos visto. Y los dos últimos amistosos en Asia. El análisis de cada partido lleva cuatro horas.

Puedo no hablar en inglés, pero sí puedo hablar de los 24 equipos de la liga inglesa. Así que para lo único que sirve esto es para ver de qué jugaban, el año pasado, los jugadores que siguen jugando en Derby.

No siento que estoy buscando una ventaja inmoral. Ver los partidos con espíritu analítico reduce el margen de equivocación respecto de las conclusiones que se saquen. No es que nos equivoquemos menos, pero creemos que nos equivocamos menos.

Para mí es indispensable. Primero disfruté ver los 51 partidos, segundo es una obligación profesional que no debe ser exhibida. Equivocado o no, me generaron infinidad de certezas

Este comportamiento mío ha sido calificado por mucha gente, casi todos desaprobando el hecho: que no es ético, que es inmoral, que transgrede y afecta el fair-play, *que significa hacer trampa... El club para el que trabajo se vio obligado a disculparse con nuestro rival, el Derby County, y también me llamó la atención públicamente expresando que mi conducta no contemplaba los principios de honestidad e integridad con los que el club se rige. Muchos entrenadores, futbolistas y exfutbolistas también consideraron irrespetuosa e inconveniente mi conducta. El último eslabón de toda esta situación es que la liga decide abrir una investigación sobre mi comportamiento.*

Voy a facilitar todas las necesidades que la investigación contemple y, como primera medida, asumo que mi comportamiento sea observado desde la posición más extrema. Sintéticamente, digo que observé a todos los rivales que enfrentamos y todos los entrenamientos que realizaron esos rivales previamente a que los enfrentáramos. No imagino algo que agrave más lo que están investigando que esto que acabo de decir. Por lo que quedo sujeto al castigo que decidan las autoridades.

Cuando yo digo que esto no sirve para nada, y lo hago exclusivamente para sentirme más en paz, es porque ya he verificado infinidad de veces que esto no permite ganar partidos. Nosotros, la mitad de los goles los hemos recibido de pelota detenida. Si fuera tan efectiva la observación y espiar a los rivales, nos hubiera servido para neutralizar esa cuestión. No nos sirvió para nada.

Analizamos a todos los equipos, esta temporada y la anterior, incluidos los partidos amistosos que jugamos, con los que hicimos el mismo trabajo y también fuimos a observar a los rivales. Lo que quiero demostrar es que esa deslealtad también tiene que ser interpretada según las intenciones del que se equivoca. No necesito la información que recabo. Frente a mí mismo, esa evidencia me convierte en inocente, no en culpable (…).

Sabíamos, por ejemplo, que el 90 % de los partidos el Derby County los resuelve con cuatro esquemas (distintos). Armamos una planilla con los cuatro esquemas y con los jugadores que lo interpretan, los habituales, los suplentes y los que juegan excepcionalmente. Esa es la síntesis del análisis de los 31 partidos, acá la tienen.

Leeds, 16 de enero de 2019

La sanción que recibí de la Asociación Inglesa de Fútbol es una sanción financiera (de 200 mil libras esterlinas) que recibió el club, no yo, pero yo fui responsable y es por eso que la pagué de mi bolsillo. Esto me indica que no se debe repetir y este es un aspecto que se puede considerar como algo que aprendí.

Leeds, 3 de mayo de 2019

"

"Todo comenzó cuando nuestros jugadores se pararon ante la lesión de uno del Leeds. Pero ellos siguieron tocando y marcaron, lo que hizo que se armara un lío tremendo que acabó con un jugador nuestro expulsado. Había mucha tensión. Bielsa decidió dejarnos marcar un gol y, salvo un central del Leeds que luego fue reprimido por el propio Marcelo, anotamos el empate con su consentimiento. No es un gesto normal y había mucho en juego, Bielsa ha demostrado que no solo es un buen entrenador, también un excelente deportista y una gran persona".

Jesús García Pitarch, director deportivo del Aston Villa, 28 de abril de 2019.

No se lo regalamos, se lo devolvimos. Los hechos son los que se vieron. El futbol inglés es reconocido en ese sentido, por lo que no soy yo quien debe expresarse en un lugar donde esa forma de actuar es un valor.

Leeds, 28 de abril de 2019.

Aquella decisión representó a todo el grupo. Fue la clase de conducta que deseamos seguir, independientemente de si ganamos o perdemos. Nos gusta hacer lo que corresponde en cada situación. El resultado no es importante, supone que solo hacemos cosas en nuestro beneficio en lugar de hacer lo correcto.

Leeds, 23 de octubre de 2020.

"Toda mi confianza para el Leeds y Marcelo Bielsa por corregirlo. Le pregunté y él estuvo de acuerdo. Él dijo que sí. Se disculpó por lo que pasó. Juego limpio para ellos. Era un buen partido de fútbol hasta ese momento".

Dean Smith, DT del Aston Villa, 28 de abril de 2019.

"El Leeds marcó un gol poco ético, se dejó empatar de inmediato y el episodio fue calificado como una excentricidad de Bielsa. Lo excéntrico, en realidad, es que la picardía tenga más prestigio que la honestidad. Festejé el gol devuelto, porque todo acto de dignidad me emociona. El fútbol es solo una ficción, a veces divertida y a veces dramática, pero su impacto es tan grande que mucha gente lleva a sus estilos de vida hasta los peinados de los futbolistas. Es hora de que también se lleven valores (…). Lo de Bielsa fue meritorio, pero no sorprendente, porque todas las anécdotas que protagonizó en su vida y lo convirtieron en un loco oficial se las debe a su obsesión ética. Tercera pregunta: ¿estamos seguros de que los cuerdos somos los demás?".

Jorge Valdano, Madrid, mayo de 2019.

La FIFA decidió reconocer nuestro comportamiento. Naturalmente, quiero agradecer, compartir y dedicar esta distinción a la FIFA, al Leeds United y a sus

hinchas, que no cuestionaron mis acciones cuando podrían haber reclamado que se respetara la decisión oficial, pero, en cambio, aceptaron mi particular interpretación de diferenciar algo que es legal de algo que es injusto. Mi ayudante y el capitán, Liam Cooper, se hicieron presentes en este evento. El primero influenció significativamente en mi decisión y el segundo representa al jugador que apoyó mis instrucciones. Cuando se elige cómo actuar, lo más difícil no es distinguir entre el bien y el mal, sino aceptar las consecuencias de lo que corresponde. Ahí hay un inmediato efecto y lo más importante es rever nuestro comportamiento. En este caso no hubo tiempo de reflexionar y tuvimos que intervenir instantáneamente. Nuestra reflexión estuvo condicionada por la educación, el ejemplo y seguridades. Quiero mencionar a mi madre, quien me enseñó a distinguir entre lo que está bien y lo que está mal. También a Newell's, el club al que pertenezco y en el que durante 20 años aprendí a vivir el fútbol de una forma particular. Hay razones permanentes en mi vida, como mi familia y mis amigos, que me recuerdan los valores que no deben ser olvidados. El fútbol, por su enorme impacto en estos tiempos, opera en algunas cuestiones de ética moral y está especialmente involucrado en algunas cuestiones. No es conveniente comentar en realidades que son imaginarias y no existen. Sin embargo, creo que la mayoría de los que elegimos tenemos el deber de hacer las cosas correctas. Con gran esfuerzo, mantendremos la igualdad y la decencia. Este reconocimiento que la FIFA está dando esta noche es positivo porque reconoce el mismo comportamiento que algunos anónimos hacen todos los días.

En respuesta a la distinción de la FIFA, testimonio leído por el capitán del Leeds, Liam Cooper, 23 de setiembre de 2019.

"El vínculo que tengo con Bielsa es similar a la que tengo con el resto de mis colegas. Ese problema fue resuelto por las autoridades y castigado como corresponde. Lo que ocurrió está en el pasado. Prefiero insistir en el respeto que le tengo como entrenador. Veo lo bien que lo ha hecho allí, promoviendo a Leeds al año siguiente. Probablemente fueron el equipo más fuerte del campeonato el año que jugamos contra ellos en Derby, fue un momento muy orgulloso para nosotros y para mí ir contra él y ganar aquel partido".

Frank Lampard, 3 de diciembre de 2020.

Un título me da alegría, pero hace mucho que trabajo, hace 30 años que hago esto y un título no cambia los porcentajes desfavorables que yo tengo. Recibo un reconocimiento muy marcado por mi trabajo, pero sinceramente pienso que más que la capacidad de mi conducción lo que marcó una diferencia muy grande fue la capacidad de los jugadores. Los 50 partidos que se jugaron en la temporada los absorbieron 15 jugadores; la capacidad de ese grupo para afrontar cada situación que tuvieron durante la temporada es lo que permitió el éxito. Los grandes actores de este momento son los jugadores y el público (...).

En este tiempo, alrededor de un equipo de fútbol, hay 25 personas, aparte de los futbolistas. Cuando yo dirigía la selección argentina, éramos 5. Ahora hay apoyo en lo físico, en lo táctico, en lo técnico, en

la logística, en lo sanitario, en las instalaciones, en todos esos sentidos el nivel del club ha sido inmejorable. No hay nada que no hubiéramos necesitado, que no hayamos recibido.

Leeds, julio de 2020, al lograr el ascenso a la Premier League.

"Me sorprendió ver cómo festejaba el ascenso del Leeds y saltaba. Con nosotros, en Vélez, no era así. Ahora veo que disfruta el momento. Me emocionó haberlo visto festejar así, como un hincha más".

Raúl Cardozo, julio de 2020.

"Preparar un equipo más difícil de ganar significa fundamentalmente poner jugadores en algunos sectores del campo que tengan un perfil más defensivo para aumentar la eficacia en defensa. Lo intentamos pero no dio los resultados que yo buscaba. Lo concreto es que las dos maneras en que encaramos el partido, con un perfil más conservador en el primer tiempo y otro más atrevido en el segundo, expresaron las características de los jugadores que participaron en un periodo y en otro. Ninguna dio resultado. Jugar más en nuestro campo es el recurso que hasta ahora no utilicé. Todo aquello que todavía no se ha probado, se imagina como la solución"

26 de febrero de 2022, tras perder 4-0 con Tottenham, sin saber que era su último partido dirigiendo a Leeds

CAPÍTULO 21

EL FÚTBOL DEL FUTURO

> *"Bielsa es el más inteligente y completo que hay, porque te decía que tal equipo iba a jugar así y sucedía. Después, en el vestuario, hablaba con algún compañero y pensábamos que era adivino".*
>
> **Javier Saviola, abril de 2016.**

(Sin eufemismos: Bielsa siente que se está bailando sobre la cubierta del Titanic. El diagnóstico es crudo: la deformidad del fútbol, como entretenimiento de masas, es absoluta. El juego ofrece aún posibilidades de desarrollo en función ofensiva, pero la distorsión del producto a manos del negocio lo amenaza todo. Las soluciones están y se prescriben, pero con el agridulce sabor que provoca el saber que resultan incómodas y, por lo tanto, seguramente impracticables).

Creo que solo existe una cosa que puede revolucionar el fútbol de aquí en adelante. Cualquier revolución del fútbol va a pasar por el fútbol creativo, las que tiene que ver con el fútbol defensivo no valen la pena, porque no son perdurables (...). Ese para mí es el fútbol del futuro: desmarcar no para el que tiene el balón, sino para quien lo va a recibir. El tercer jugador está desmarcando no para el que tiene el balón, sino para quien lo va a recibir. Eso es un saber muy grande e imposible de neutralizar porque, para mí, el fútbol ofensivo del futuro va a depender de que los jugadores sepan desarrollar esta destreza. Es un proceso, porque todo el mundo desmarca para el que tiene la pelota, nadie desmarca para el que la va a recibir. Con eso cambia el fútbol ofensivo. Cuando uno ve que el que dio el primer pase no recibe la devolución, sino que la recibe un tercero, cambia el partido. Se agiliza, el vértigo del ataque es otro.

Ámsterdam, octubre de 2016.

El fútbol puede prescindir de todo: va a seguir viviendo sin entrenadores, sin dirigentes, sin futbolistas, sin espectadores. Pero no puede seguir viviendo sin escudo. Porque el escudo es el que emociona. Todo lo que el fútbol genera, lo genera porque hay un afán de captar la emoción del que llora porque el equipo gana o pierde.

Santiago, noviembre de 2010.

La industria que ahora es el fútbol se ha olvidado de la afición. Hay cifras que deberían hacer sonrojar de vergüenza.

Perugia, mayo de 2017.

Mi deseo es que la industria del fútbol no descubra que puede prescindir de los espectadores.

Leeds, junio de 2020.

Gestionar el costado humano de un equipo de fútbol es la herramienta que va a marcar diferencias de aquí en adelante. Todos los otros apartados están exprimidos al máximo. Esa conducción humana es muy difícil de llevarla a la práctica (…)

Existe el doping *económico: no puedo competir de igual a igual con alguien que se endeuda sabiendo que no va a pagar, mientras yo conservo la honestidad en el manejo de mi economía. En mi fantasía, creo que ese* doping *también tendría que extenderse a la belleza del juego. No puede competir de igual a igual el que busca el acierto, corriendo el riesgo en esa búsqueda de sufrir errores, con aquel que prefiere no crear antes de someterse a la posibilidad de una equivocación. No hablo de trampa: dentro del reglamento, que legitima cualquier postura. Pero no razono absurdamente: si se enfrentan dos equipos que juegan a no correr riesgos, no hay partido.*

A veces me digo: prefiero no obtener ningún punto buscando obtener tres que obtener uno sin ninguna posibilidad de obtener tres. Eso es un homenaje al espectador, pero como la sociedad dice que el que pierde es un idiota, este mensaje no cuaja.

Si usted merece ganar un partido y no lo logra, no es peligroso que no haya reconocimiento a una búsqueda infructuosa. Pero sí se premia un triunfo inmerecido y se lo reconoce, se lo valora, sí es peligroso.

Perugia, mayo de 2017.

No tener la pelota tiene un solo objetivo: quien no la tiene no se equivoca. El juego tendía al acierto, pero ahora está la alternativa de aprovechar el error. Esto tiene el riesgo de que en algún momento el espectador cambiará de deporte (...).

En la NBA el reglamento evoluciona en función de evitar la especulación. Lo que las autoridades del fútbol no logran es penalizar la reducción del tiempo de juego intencionada, pero no porque no lo intenten. Hay muchos recursos, que son reglamentarios, que permiten reducir el juego. El público reclama juego y emociones.

Leeds, noviembre de 2018.

Los clubes más poderosos lo son por lo que producen y por lo que convocan. El resto son indispensables. Lo que le da salud a la competencia es la posibilidad del desarrollo de los débiles y no el exceso de crecimiento de los fuertes. La lógica que impera en el mundo, y el fútbol no está afuera de eso, es que los ricos sean más ricos a costa de que los débiles sean más débiles.

Leeds, abril de 2021.

¿Cómo vamos a estar contentos de ver un chico en Rosario, que es mi ciudad, con la camiseta del Real Madrid o ir a África y ver a un chico con la camiseta del Bayern Múnich? El amor tiene que ser con lo propio, con lo del lugar, con lo que está al alcance de la mano. Entonces hay cinco o diez equipos en el mundo y ¿quién va a prestarle atención a lo propio?.

Leeds, agosto de 2021.

Hoy es imposible que el fútbol sudamericano pueda estar al mismo nivel que el de Europa, la diferencia es muy grande. Las ligas sudamericanas cada vez proveen menos jugadores a Europa porque los jugadores están dejando sus países de origen mucho antes de brillar en los clubes a los que pertenecen. Lo único que hace es dañar a todos. Si usted compra un jugador de 15 años, se interrumpe el proceso formativo que el jugador debe atravesar en el lugar en el que

nació, en el club al que pertenece, en la liga que conoce. Si se lo pone en un lugar completamente diferente y desconocido, en lugar de ayudar a su desarrollo, lo perjudica.

Leeds, septiembre de 2021.

El fútbol está absolutamente deformado. Un seleccionador recibe un jugador el lunes, después de que viajó 20 horas, tiene que jugar jueves, domingo y miércoles o jueves, es imposible que haga con sus jugadores algo más que decidir quién juega. Hay que jugar como sea, eso es imposible que termine bien. Termina haciendo el juego de los equipos cada vez peor, ignorar la preparación y el descanso como elemento de crecimiento del espectáculo que brindan los jugadores es absurdo, lo mismo que ignorar las consecuencias que genera en un jugador la cantidad de partidos, la acumulación de viajes y que eso terminan lesionando a cualquier jugador.

Se protege el aspecto comercial del fútbol y se desprotege el juego. El fútbol se está desgastando de tal manera que cada vez va a tener menos atractivo. Lo que noto es que el fútbol está cada vez más desprotegido en su esencia y la industria tomó el producto como algo convocante, pero cada vez le interesa a menos gente y a los espectadores tienen que buscarlos en todo el mundo porque no les alcanza un país ni un continente, y lo único que importa de un partido son los diez minutos más atractivos.

Es imposible presagiar algo mejor con la evolución de todas estas decisiones. Pero hay otros caminos: jugar menos, invertir en formación, facilitar el acceso del público con entradas más baratas. Muchas de estas cosas el fútbol alemán las está poniendo en práctica.

El problema principal es que hay más partidos que los que se pueden absorber. Entonces, la justificación para que haya tantos partidos y tanta competencia es que el fútbol es muy caro por lo que cuestan y ganan los jugadores y todos los implicados en el deporte. Esa es la explicación que se ofrece, pero esa es una verdad a medias.

Quienes recibimos honorarios por participar, deberíamos cobrar menos para que se pueda jugar menos. El grave problema del fútbol es que cada vez hay menos jugadores para la élite. Otro de los objetivos claros que hay que perseguir es invertir en la formación.

Hay que frenar la inflación en el fútbol, el costo exagerado de los honorarios y del valor de los jugadores, jugar menos, que el juego sea mejor, reducir el precio de las entradas para que los espectadores puedan ir a ver fútbol e invertir mucho en formación para que haya muchos más jugadores buenos.

Leeds, septiembre de 2021.

APÉNDICE

LOS NÚMEROS DE BIELSA

CLUB	J	G	E	P	% puntos	GF	GC	
NEWELL'S (ROSARIO)	97	39	38	20	53,27 %	116	71	+45
ATLAS (GUADALAJARA)	77	29	20	28	46,32 %	95	100	-5
AMÉRICA (MÉXICO)	33	10	14	9	44,44 %	54	43	+11
VÉLEZ SARSFIELD	44	23	14	7	62,88 %	87	50	+37
ESPANYOL (BARCELONA)	12	3	3	6	33,33 %	12	17	-5
SELECCIÓN ARGENTINA	85	56	18	11	72,94 %	162	98	+64
SELECCIÓN DE CHILE	51	28	8	15	60,13 %	69	49	+20
ATHLETIC (BILBAO)	113	43	31	39	47,19 %	159	162	-3
OLYMPIQUE (MARSELLA)	41	21	7	13	56,91 %	80	48	+32
LILLE OSC	14	3	4	7	30,95 %	14	21	-7
LEEDS UNITED	170	80	33	57	53,53%	256	219	+37
TOTALES	737	335	190	212	51,08%	1.104	878	+226

(*) Al 26 de febrero de 2022

"Preparar un equipo más difícil de ganar significa fundamentalmente poner jugadores en algunos sectores del campo que tengan un perfil más defensivo para aumentar la eficacia en defensa. Lo intentamos pero no dio los resultados que yo buscaba. Lo concreto es que las dos maneras en que encaramos el partido, con un perfil más conservador en el primer tiempo y otro más atrevido en el segundo, expresaron las características de los jugadores que participaron en un periodo y en otro. Ninguna dio resultado. Jugar más en nuestro campo es el recurso que hasta ahora no utilicé. Todo aquello que todavía no se ha probado, se imagina como la solución"

26 de febrero de 2022, tras perder 4-0 con Tottenham, sin saber que era su último partido dirigiendo a Leeds

SOBRE EL AUTOR

Pablo Vignone, Buenos Aires, 1963; periodista y escritor, docente e historiador. En el oficio desde 1988, fue redactor jefe de la revista **El Gráfico**, y ejerció como jefe de la Sección Deportes en los diarios **Página/12** y **La Nación**. Trabajó como editor en todos los Mundiales desde Italia 1990 a Rusia 2018. Publicó *"Partidazo"* en 2010 y *"Así jugamos"* en 2014. Premio "Lobo de Mar" a la Trayectoria Periodística en 2016. Docente de la Universidad de Buenos Aires, dictó cursos en la Universidad de Palermo y enseñó periodismo en DeporTEA durante casi 25 años. Pasó por **TyC Sports** y **Fox Sports**, actualmente trabaja para **ESPN**.